女医が教える

本当に気持ちのいいセックス

いいトコどり！

医師・性科学者
宋　美玄

はじめに

『女医が教える本当に気持ちのいいセックス』を2010年に出版してから、10年が経ちました。本書は出版時から大きな反響があり、すぐにベストセラーになりました。その後、同書の上級編、スゴ技編、コミック等を上梓し続けました。おかげさまで、このシリーズは累計100万部を突破し、平成に出版されたセックス指南本の金字塔といわれるまでになりました。私自身も、これには大変驚いています。

何よりも嬉しかったのは、男女問わず読者の方から、「この本のおかげで、パートナーとのセックスが改善した」「今まで女性の身体を誤解していた」「本当のオーガズムを知った」「長年セックスレスだったが、これを機にもう一度セックスのできる夫婦に戻れそう」といった感想をたくさん頂けたことでした。

私は、産婦人科専門医及び医学博士として、日々、患者さんと向き合い、性の悩みを聞き続け、ときにはセックスに関してのアドバイスも行っています。本書を読んで私のことを知り、クリニックを訪れてくれた人も数多くいらっしゃいました。

10年前に比べ、女性が性の悩みを言葉にしやすい世の中になってきたとは感じています。

しかし、ことセックスの悩みにおいては、相手が不在の場所では解決しないことがほとんどです。セックスとは、愛し合う者同士のコミュニケーションの究極の形だと考えています。どちらか一方が、「気持ちよくない」と感じている限り、それは、「本当に気持ちのいいセックス」ではありません。

発売10年目にあたる今年は、図らずも新型コロナウィルスが世界中で猛威をふるい、いやが上にも、パートナーとの関係性を改めて考え直すことになったという方も多いかもしれません。ただ、「コロナが怖い」ということで、パートナーとのセックスを断絶してしまうことは、とても悲しいことです。正しい知識を持ち、清潔を心がけて、今こそ特定の相手との関係性を深めるときではないでしょうか。そう考え、本シリーズから、今私が大切だと考える「エッセンス」を抽出し、加筆修正をした一冊をここに出版することにしました。まさに、「いいトコどり」な本です。

人生100年時代、性について正しい知識を持って、この困難な時代を一緒に楽しく生き抜きましょう。

2020年 秋

産婦人科医・医学博士　宋美玄

Chapter 1

セックスを始める前に……

しっかりと準備していないのに、目標を語る資格はない。

――イチロー

1-1 男性がよりエレクトし、女性がもっとオープンになれる雰囲気作りから！

ふたりきりになったとたんにガバッと襲いかかる⁉ これはセックスの始め方として論外です！ こんな男性は、必ずといっていいほど女性に嫌われますが、このように興奮して急激に始めるようなやり方は、男性にとってもよいことではありません。

興奮すればするほど勃起するという考えは、実は間違いです。身心ともに適度にリラックスしたほうが、ペニスはエレクトしやすいのです。

そのためには、ふたりが打ち解けられるムード作りが必要です。これは、やたらと甘ったるい雰囲気にしなければならないという意味ではありません。ふたりがともにくつろげて、互いの身体と自分の快感に集中できる空間であれば、あなたのペニスはより元気になり、また彼女の身体も開きやすくなります。

もうひとつ、忘れてはならないことがあります。それは、清潔感。相手を不快にさせないことは、最低限のマナーです。恋人同士とはいえ、親しき仲にも礼儀あり。パートナーの身体がクリーンで、自分にとって安全だと確信できてこそ、相手にすべてをゆだねたいという気持ちになるものです。

そんな状況を作り出すために気を遣いたいポイントを、ムード篇 ボディ篇 でチェック！　全項目をクリアすると、より豊かで充実したセックスをふたりで楽しめますよ。

ムード篇　～五感をリラックスさせて理想の空間を作る～

くつろぐための雰囲気を演出するといっても、インテリアに凝ったり、特別なものを用意したりする必要はまったくありません。視覚、聴覚、嗅覚など、五感に心地よい刺激を与えることで、身も心も自然に穏やかで、リラックスした状態になります。

●照明は落ち着いたトーンにする

煌煌と電気がついた明るい部屋でリラックスするというのは、とても難しいことです。なかでも蛍光灯は避けたほうがいいでしょう。部屋のなかをはっきり照らし出す蛍光灯は、緊張感を保ち、いろいろな作業を効率よく行うためのもので、オフィスやキッチンに最適の照明です。ふだんの生活でも、リビングや寝室など、落ち着いて過ごしたい場所では使いませんよね。

あたたかみのある色のライトにするだけで、ふたりの距離は一気に縮まります。間接照明も効果大！　キャンドルを灯すというのもロマンチックでいいですね。夫婦や同棲カップルが自宅でセックスする場合は、こうすることで日常的で雑多なものが目に入りにくくなり、行為に没頭できるというメリットもあります。

●BGMは彼女の好みに合わせて

誰にでも、くつろぎたいときに聴く音楽というのがありますよね。そうした音楽は、人工的な音ではなく、ジャズや、ボサノバ、ハワイアンなどナチュラルな楽器で奏でられるジャンルが多いでしょうか。ムードをよくするには、これで十分。

さらに心配りをするなら、インストゥルメンタルのみの楽曲がベター。歌詞に気をとられるとリラックスしにくいものです。また、自分の趣味からはずれた音楽を聴かされるというのも気が散って快感に集中できない原因に。彼女の嗜好もよく把握しておくことをおすすめします。

●古くからセクシーとされる香りを使ってみる

人間が最も性的興奮を誘われる香りは、異性の汗のにおいだといわれていますが、私たち東洋人は一般的に体臭があまりないうえに、これをシャワーで洗い流すとほとんど気にならなくなります。

嗅覚を刺激するには、お香やアロマなどのルームフレグランスを上手に利用して、リラックス&セクシーな空間を作り出すといいでしょう。

たとえば〝イランイラン〟というアロマオイルは、エキゾチックな香りで緊張や疲れをほぐす一方、催淫効果があると古くからいわれています。また、日本にも〝麝香《じゃこう》〟という香りがあります。香水業界ではムスクともいわれていますが、平安時代の昔からセクシーな香りとされてきました。ジャコウジカの分泌物、つまりフェロモンの一種を乾燥させたものを原料としていますから、官能をくすぐられるのも道理かもしれませんね。

●ランジェリーの正しい選び方

〝勝負下着〟という言葉から連想するのは、ゴージャスで挑発的なデザイン。そんな刺激的な演出もときには有効ですが、ランジェリー選びで重視したいのは、肌触りです。

男性のなかには彼女にセクシーな下着をプレゼントしたいと考えている人もいるでしょう。そんな場合は、セクシーなデザインよりもまず素材にこだわってください。シルクなど肌触りがよいものを選べば、しっとりと気持ちのいい感触と、彼女の体温によるあたたかい質感とで、スキンシップの時間が自然と増えます。**女性は局部よりも身体全体のスキンシップで気持ちよくなります**から、彼女がその気になるチャンスが増えるかもしれませんよ。

またカラーセラピストによると、数ある色のなかで赤紫が最も人の官能に火をつけるようです。日本人の肌色にもよく似合うカラーなので、参考にしてみてくださいね。

ボディ篇　～すみずみまで清潔にして安心感を与え合う～

肌と肌、粘膜と粘膜を直接触れ合わせるだけに、身体を清潔にしておくことはとても大切。ケガや性病などで、彼女の心身を傷つけたくはありませんよね。お互いの身体への安心感は、信頼や愛情と切っても切り離せないものです。

洗いすぎて元々備わっている自浄作用が損なわれると、返って雑菌繁殖の危険が…。

●爪の長い男性はＮＧ！　短く整え、手をきれいに洗う

女性の膣内の粘膜はとても繊細です。**あなたの爪がのびていると、彼女が痛がり、オーガズムどころか快感すら得にくくなります。**また、粘膜にキズをつけると、細菌が侵入しやすくなり、場合によっては深刻な病気の原因にもなります。彼女の身体を思いやるなら、爪は短く切りそろえ、ベッドインの前に念入りに手を洗ってください。

●コロナ時代のセックス、どうあるべき？

２０２０年、コロナウィルスの蔓延により、セックスとの向き合い方も「新しい生活様式」を採り入れないわけにはいかなくなりました。だけど、不必要に恐れないでほしいと思います。「コロナが怖くてセックスをしなくなった」という人もいますが、不特定多数の人がいる場所での飛沫、近距離での会話が感染の原因であることがわかっています。特定の人とのセックスよりも、複数の人と唾液を飛ばし合うほうがよっぽど危険ですよ。

しかし、たとえば部屋に入って、**手を洗うのは最低限のマナーです。そこから先、「どこまで衛生面を気にするのか？」は、ふたりの問題です。**うがいして歯を磨き、シャワーを浴びてからセックスするのか……など、今まで以上に、お互いの衛生的な価値観を確認

し合うときです。しかし、考えればコロナ禍になる前から、衛生面や感染症など、セックスにおいて注意すべきエチケットというものはたくさんありました。**今こそ恋人たちは、愛し合うために、それらについてしっかり話し合う機会です。**

●オーラルセックスをするなら、陰部を徹底的に清潔に！

万が一、シャワーを浴びないシチュエーションでセックスをする流れになったとしても、フェラチオやクンニリングスなどのオーラルセックスを楽しみたいなら、陰部だけでも清潔にしておきましょう。クラミジアなどの性感染症は、女性の喉にも感染します。クラミジアはペニスのシワにたまった垢に生息していることが多いので、しっかり洗えば感染の危険性はゼロにはならないものの、格段に減らせます。ただし、ゴシゴシと洗い過ぎるのはオススメしません。男女とも粘膜を完全に洗い流してしまっては、かえって細菌などに感染しやすくなります。皮膚と同じ、弱酸性のボディソープを使うといいですよ。

●ヒゲの手入れをする

女性の肌や大事な部分を唇や舌で愛撫するとき、ヒゲが中途半端に伸びているとチクチ

→ すべての女性が好むのが「清潔感」ですよね。爪が汚いなんてセックスが遠のくばかりです。関係を続けたいなら、きちんと伝えましょう。

クとして痛いものです。きれいに剃るか、伸ばしきっているか、どちらかがいいでしょう。

●歯磨きや口内洗浄をして、口の中は極力キレイに！

セックスにおいて唾液は重要な役目を果たします。キスでは互いの唾液が混ざりあい、濡れた唇で全身を愛撫されると心地よく、ペニスやクリトリスを刺激するときは潤滑液となります。うっとりとするようなこれらの行為も、口臭があると台無しですし、コロナ感染のリスクも当然あります……。歯磨きやマウスウォッシュを使って息をさわやかにしておけば、彼女に嫌われることはありません。舌の上についた汚れまできれいにオフすれば尚良しです！

1-2

性感染症は「知ること」が最大の予防

セックスにおけるマナーとして身につけておきたいもののなかに、性感染症についての

正しい知識が挙げられます。ＳＴＤ（Sexually Transmitted Diseases）、性行為感染症といわれることもありますが、その名のとおりセックスをすることで感染する病気すべてを指す言葉です。

産婦人科には、図らずもこうした病気に感染してしまった女性が多く訪れます。彼女たちは、単に運が悪かったのでしょうか？　必ずしもそう言い切ることはできません。どうしたら感染するのか、感染したらどうなるのかを知っていれば防げたのではないかと思える場合も多々あるからです。

・複数のセックスパートナーがいる
・コンドームを使わずにセックスをする
・爪が伸びていて膣や外陰部を傷つける
・シャワーを浴びずに不潔な状態でセックスをする

このような人、およびこのような人をパートナーに持つ人は、感染のリスクが高いと思っていいでしょう。

→ パートナーも検査と治療の必要があります。互いに伝染しあう「ピンポン感染」に注意。

なかには自覚症状があまりない病気もありますし、性器ではなく喉に感染するものもあります。〝セックス〟にはオーラルセックスも含まれるのです。ですから、いわゆる〝本番行為〟のない風俗店で遊んだ場合も、感染症のリスクは当然あります。「もしかして……」と思い当たることがある人は、早めに病院に行って検査をしましょう。

たとえば後天性免疫不全症候群、いわゆるＡＩＤＳについて、診察の折に「検査をしますか？」と患者さんに尋ねることがよくあります。そんなとき「感染しているとわかったところで、どうしようもできないんでしょ。だったら、知らないほうが幸せ」と検査を拒否する人が少なくありません。しかし、感染が早いうちにわかれば、適切な治療法で発病を何十年も遅らせることができるのです。

このように性感染症には正しい治療法があり、そのほとんどは病院で診察を受けて初めて取りかかることができます。まずは〝知ること〟からすべてが始まるのです。

次に挙げるのは代表的な性感染症です。感染したくない、大切なパートナーに感染させたくないと思うなら、これらの病気を常に心に留めておいてください。正しい知識こそが、最大の予防ですから！

●**性器クラミジア感染症**

世界でも最も罹患率の高い性感染症。クラミジア・トラコマティスという細菌が感染することで起こる。尿道の違和感、排尿時の痛み、おりものが増える女性もいるが、男女ともに自覚症状がまったくないということも珍しくはない。咽頭炎や直腸炎を引き起こすとも。女性の場合、子宮や卵管を通ってお腹のなかまで広がり、知らないうちに不妊症になることもある。

●**淋病《りんびょう》(淋菌感染症)**

感染すると、女性はくさくて黄色い膿《うみ》のようなおりものが増え、排尿痛や不正出血、かゆみがある。男性はおしっこをするときに痛みを感じたり、ペニスの先から膿が出たりする。初期は無症状の場合もあるが、症状が進むと男女とも、激烈な腹痛に襲われたり、高熱が出たり苦しい思いをする。

●**性器ヘルペス(単純ヘルペスウイルス)**

男女とも性器やその周辺に水泡と発疹ができて、激しい痛みを伴う。皮膚の表面に炎症

→ 生理中の行為でも妊娠の可能性はなくはありませんよ。また生理中の女性の膣はいつもよりもデリケート。感染症のリスクも高まります。

ができたり、倦怠《けんたい》感や高熱が出たりすることもある。神経が多数集まっているクリトリスにこのヘルペスができると、非常に痛い。一度感染すると再発を繰り返すこともある。外陰部の接触だけでも感染するので、コンドームでは防ぎきれない。

●尖圭《せんけい》コンジローマ

ヒトパピローマウイルス（ＨＰＶ）が感染することで起きる病気。数カ月の潜伏期間ののち、ペニスや外陰部、肛門の周囲にカリフラワー状のイボのようなものがたくさんでき、痛みを伴うこともある。なかには膣内をイボが埋めつくすほどになる人もいる。コンドームでは防ぎきれないこともある。また、このウイルスは１００種類以上のタイプがあり、子宮頸がんの原因になることも。

●トリコモナス膣炎（膣トリコモナス症）

トリコモナスという原虫が原因で起こる病気。女性は黄色くて泡立ったようなおりものが出て、強烈なにおいを発する。外陰部が痛がゆくなる。他の性感染症よりも幅広い年齢層にみられる。

● 後天性免疫不全症候群（AIDS）

ヒト免疫不全ウイルス（HIV）に感染し、数年の潜伏期間を経て免疫力が低下したときに発病する慢性疾患。感染症や悪性腫瘍を患い、数年で死に至ることもある恐ろしい病気であるが、エイズが発症する前に感染を発見できれば治癒は充分に可能。

● 梅毒

梅毒トレポネーマという細菌に感染すると起こる。感染後2〜3週間はペニスや外陰部にしこりができ、2〜3カ月後には身体中に赤い発疹ができる。早期に治療すれば治るが、進行すると脳の神経が侵されることもある。また感染した女性が妊娠すると、赤ちゃんにまで感染してしまい、先天的に奇形を持って生まれることもある。2017年以降、若い世代を中心に国内で患者が急増している。

● 毛ジラミ

体長1mm程度のシラミの一種である毛ジラミが、主に陰毛に付着する。成虫、幼虫とも に1日に数回吸血し、これによって激しいかゆみが生じる。下着に茶色い粉が付着する場

女性の性欲はバイオリズムで変動しますが、すべての女性がそうとは限りません。

合も。成虫の寿命は約1カ月だが、1匹のメスは生涯に約200個の卵を産む。陰毛の接触で感染するので、コンドームでは防げない。

1-3 望まない妊娠を、回避するために

望まない妊娠をして病院を訪れた女性を診察することは、産婦人科医にとって、もっともつらいことのひとつです。赤ちゃんの命、傷ついた女性の心と身体……すべてが救われず、夫婦やカップルの関係にも修復しようのない大きなヒビが入ってしまうという場面を何度も見てきました。

そのような不幸を少しでも減らすために「避妊」についての意識を男女とも今以上に高めてほしいと切に願います。

また、**特に女性は「このセックスで妊娠しちゃったらどうしよう」と不安感を持ったままセックスをすると、オーガズムが得られにくくなるという研究結果があります。**

次に挙げる避妊法から自分たちの身体やライフスタイルに合ったものを選び、不幸な妊娠は必ず未然に防いでください。心も体も解放されてセックスに臨むようにすることが、何よりもふたりの愛情を深めるはずです。

●**コンドーム**

男性の性器にかぶせるゴム製やウレタン製のカバー。コンビニエンスストアや薬局で購入できるため、最も手軽な避妊法といえる。射精の直前に装着する男性も少なくないようだが、セックスの初めから着けないと意味がない。挿入の途中でずれたり破れたりするケースも多く、避妊率は85％。確実とはいえないが、性感染症防止には非常に効力を発揮することから、安全なセックスには必須アイテムといえる。

●**低用量ピル**

女性用の経口ホルモン剤。正しく服用すれば、避妊率99％の効果が得られる。女性自身の意志や判断によって妊娠をコントロールできるのが最大の特徴。副作用は少なく、月経

→ そのほうがスムーズでしょう。男性が事前に準備していると、「自分のことを大切に思ってくれている」と女性は思いますよ。

不順や月経過多の人には、症状が緩和し、月経が規則的になったり軽くなったりするという、嬉しい副効用もある。使用にあたっては医師の処方が必要。毎日服用しなければ効果がないものなので、飲み忘れないよう気を遣わなければならない。

●子宮内避妊具

子宮のなかにポリエチレン製の小さな器具を入れる方法。「リング」と呼ばれることもある。一度挿入すれば数年間にわたって避妊効果が得られるが、定期健診を受ける必要があり、出産経験のある女性が主に対象となる。授乳中の使用も可能（授乳中は月経がないため避妊しないカップルも多いが、授乳中でも妊娠する可能性は十分あるため注意！）。

●避妊手術

女性の場合は卵管を、男性の場合は精管（精子を尿道に送るための管）を糸で縛る、または切断すること。男女のどちらかがこれを施していれば、膣内射精をしても卵子と精子が出会うことはない。しかし避妊法としては確実だが、一度手術をしてしまうと二度と妊娠できないので、熟考のうえ判断を。

● 基礎体温法

女性が毎朝、基礎体温を測定して排卵日を予測し、その日はセックスすること自体を避けるという方法。しかし極めて不確実なので、ほかの避妊法と併用することをおすすめする。妊娠したいときにこそ、有効な方法。

● 殺精子剤

セックスをする前に膣内に精子を殺す薬を入れる。使用法は簡単だが、効果が発揮されるまでに少し時間がかかる（5〜10分程度）ので、タイミングが難しい。また、有効時間内（20〜60分程度）に射精しなくてはならないというネックもある。

● ペッサリー

子宮の入口にゴム製の薄い膜状のキャップを自分の指で装着し、精子が子宮に入るのを防ぐ。セックスのたびに装着し、射精のあと6〜8時間経過してから、必ず取り出さなくてはならない。ほかにも婦人科などで子宮口の大きさを測ってもらい、自分のサイズに合ったものを選ぶなど、手間が多い。

そもそも避妊は、自分の責任で行うもの。ピルは生でするためのものではありませんよ。

● アフターピル

日本では2011年にようやく認可。受精卵が子宮内膜に着床するのを防ぐために服用する緊急避妊薬。セックスをしたあと72時間以内に飲まなければならないが、早ければ早いほどいいとされる。吐き気や頭痛などの副作用も強い。同意なしに行われた性交などの緊急事態のための方法と覚えておこう。

1-4 産科医の私がローションをすすめる理由

セックスは身体と身体でするものと思い込み、アダルトグッズを使うことに抵抗のある人は少なくないようです。かつてアダルトショップといえば、路地裏にあり、いかにもあやしげで後ろめたい雰囲気だったことが影響しているのかもしれませんね。

しかし、今では明るくてオープンなショップも増えていますし、カップルが仲良く買い物をしている光景も珍しいものではなくなっているようです。インターネットを利用すればさらに手軽にショッピングできます。**アダルトグッズを使用することは決してやましいことではありません。**ローターは振動の強さを上手に調整すればペースを変えずに淡々とした刺激を与えられるので、女性がオーガズムを体験し、身体に覚え込ませる道具としてはぴったりです。最近は、かわいいデザインのものも多く出回っていますから、彼女が嫌がらない限り、積極的に取り入れてみるのもいいですよ。

なかでも特におすすめしたいのが、ローションです。彼女がラブジュースをたっぷり分泌する体質であれば、それはとても幸せなことですが、感じているのに濡れにくいという女性も少なくありません。体調によっても濡れやすさは左右します。

そんな彼女とベッドインするときにローションを使えば、「気持ちよくなる」ために時間を割いて根気よく愛撫するのではなく、最初から「気持ちいい」時間にできるでしょう。

ローションは、ドラッグストアや薬局などでも購入できます。最近では、肌に触れるとあたたかな感触に変わるものや、肌にやさしい弱酸性タイプのものなども販売されています。ローションを使うのは、お互いの心身をいたわること。まさにふたりのセックスライフを充実させる潤滑剤なのです。

Chapter 2

感じるところ、感じにくいところ

木を切り倒すのに6時間与えられたら、
私は最初の4時間を斧を研ぐのに費やす。
――エイブラハム・リンカーン

2-1 好きな人に触れられれば、全身が性感帯に!?

たとえばあなたの彼女が会社で、翌日に控えたプレゼンテーションの資料を作成しているとき、背後から上司に「期待しているよ」とポンとやさしく肩を叩かれたとします。彼女は励まされたことを嬉しく思うことはあっても、セクシャルな感覚を覚えることはないでしょう。嫌いな上司なら「触らないで!」と腹を立てているかもしれません。

けれどその夜、恋人関係であるあなたが彼女を背後から抱きしめ、産毛が生えたうなじから肩へと続くなだらかなラインに、触れるか触れないかのようにして唇を這《は》わせたときはどうでしょう?

彼女は思わず身をよじらせ、肌にはうっすらと鳥肌が立ちます。彼女が性的に敏感な体質だったり、性欲を強く感じているときだったりしたなら、それだけで濡れてしまうかもしれません。

→ お互いの同意が必ずあり、不衛生なものでもなく、誰にも迷惑をかけてないならOK。しかし、〝プレイ〟と〝セックス〟を混同しないで。

これが〝性感帯〟です。

自分で触れたり、同性や性的な対象ではない異性に触れられたりしても何も感じないのに、相手が恋人だったり、セクシャルな気分になっているときには快感を覚え、性欲が刺激される場所のことです。

セックスでは必ず膣で快感を得られる女性も、病院の産婦人科で診察を受け、器具を膣内に入れたときに気持ちよくなることは断じてありません。**誰もが、いつでも、どんなシチュエーションでも必ず気持ちよくなってしまう場所なんて人体にはないのです。**

では、この逆はどうでしょう？　セックスをしたいという欲求や相手への気持ちなど、メンタル面での条件がそろえば、全身が性感帯になりえるのでしょうか？

答えは、イエスです。男女とも、性欲を感じている相手に触れられれば、頭皮からつま先まで、至るところが気持ちよくなり、性的快感を覚えることも人によってはあるのです。

〝不感症〟という言葉がありますが、これは医学的なものではありません。そんな病気はありませんし、生まれつき性的快感をまったく感じない人というのは、まずいないと言い切っていいでしょう。

男女とも「感じにくい」という自覚があるのだとすれば、それはセックスの経験が浅くてまだ性感帯が開発されていないか、過去に辛い経験などがあってメンタル面に問題があるか、相手のことを信頼していないかのどれかです。心身ともに健康なら、まったく感じない、触れられても痛いだけの場所というのは本来ありません。時間をかけてゆっくり話し合うなり、医療機関で精神面のケアをするなり、解決法は必ずあります。焦らずに取り組んでください。

2-2 神経の多いパーツは男女ともに感じやすい

恋人に触れられれば身体のどこでも性感帯になる可能性があるとはいえ、もともと感じやすい場所、感じにくい場所というのがあります。

それを見極めるヒントは、神経が多いか少ないかです。これには男女差はありません。

反対に背中や二の腕など、神経が少ない場所は、感じにくい傾向にあります。

→ 女性も、射精こそできませんが、人によっては眠りながら無意識に昇りつめる〝ドリーミング・オーガズム〟を迎えることがあるそうです。

実は、女性の乳房やおしりも、これに該当します。ほとんどの男性にとって見るのも触れるのも大好きな〝おっぱい〟ですが、むやみに触れられるだけではあまり気持ちよくないのが女性の本音……。ただし、例外はあります。それは、たしかな愛情を感じるときです。自分の身体で最も女性らしい部分が愛する男性の手や唇で愛されているという実感によって、女性はエロティックなムードになり、快感を覚えるのです。

男女とも、最も敏感で最も気持ちよくなれる性感帯とは、言うまでもなく〝性器〟です。では、次に性感帯が集中している性器について、男女別に解説しましょう。

●女性の性器は目に見えないところまで性感帯の宝庫

女性の性器はとても複雑な構造をしています。そして目に見えている部分にもそうでない部分にも、性的に敏感な個所がたくさんあります。

外側に露出している〝外陰部〟には、まず小陰唇と大陰唇があります。ひだ状になっている人もいるため、〝花びら〟にたとえられることも多い個所です。もともとはクリトリスや尿道、膣口といったデリケートな部分を保護するという大事な役割を持った器官です。

クリトリスと神経がつながっているため、指や舌でやさしく揉むように刺激すると、程度の差こそありますが大多数の女性は気持ちよくなります。この部分が気持ちよくなってくると、ラブジュースが多く分泌されたり、クリトリスがふくらんだりといった反応も見られるでしょう。特に大陰唇は、男性でいえば「陰のう」にあたる器官といわれているので、感じ方もよく似ているようですね。

陰唇の下側にある肛門も、性感帯のひとつです。指や舌を使って、彼女の肛門の周辺にやさしく触れてみましょう。最初はくすぐったがるかもしれませんが、慣れると身体の力が抜けるような、気持ちのいい感覚が下半身全体に広がります。ただし、内側の粘膜部分に指やペニスを挿入するのは、ケガや病気につながる危険があるため、おすすめしません。

目に見えない場所には、Gスポットとポルチオという、女性の〝2大性感帯〟があります。男性にとってはミステリーゾーンかもしれませんが、この2つの場所をきちんと把握すれば、彼女をオーガズムへ導ける可能性も高くなります。

Gスポットは膣口から4㎝ほどのところにあります。彼女に仰向けに寝てもらい、あなたの中指を膣内にさし込んだとします。第一関節を軽く曲げたあたりが、Gスポットだと覚えておきましょう。指の腹くらいの小さなスポットです。指で触れやすく、挿入時にはペニスのカリの部分がここを擦りあげることになるため、刺激を与えやすい場所ともいえ

→ まったくの迷信です。セックスをすることでなる病気はありますが、逆はありません。

るでしょう。

最初はわかりにくいかもしれませんが、膣内のヒダのなかでそこだけがザラザラした感触だったり、わずかにくぼんでいたり、何らかの特徴がある女性もいますから、やさしく触れながら探してみるといいでしょう。

一方、子宮の入口にあたるポルチオは、Gスポットと同じく、またはそれ以上に強烈な快感を得られる器官ではありますが、いきなり刺激すると女性は痛がります。産婦人科での内診（膣内を触診すること）で触れられて、痛い思いをした女性も少なくないはずです。触れるとコリコリした感触があるので、男性にもわかりやすいでしょう。これはまだほぐれていない証拠です。繊細な場所ですから、男性はゆっくり時間をかけて愛撫してあげてください。Gスポットの正体は次の項で説明します。

2-3 女性の身体における最大の謎、Gスポットの正体

男性週刊誌などで、この言葉がよく使われています。女性の身体における最大の謎といえるこの「Gスポット」について、ここでさらにご説明しましょう。

皆さんは、女性の身体には必ず快感のスイッチがあると思っていませんか？　どんな女性でもその場所を刺激されると、またたく間に感じ出して身悶えし、ほどなくオーガズムに達してしまう場所のことです。そして、Gスポットが、そんな秘密のスイッチに当たる……という思い込みは、とても根強いように見受けられます。

けれど、Gスポットがどこにあって、どのようなものなのかを問われたときに、きちんと答えられる人は、男女ともほとんどいないように思われます。ここで一度、Gスポットとはいったい何なのかを、あらためて考え、本当に快感のスイッチなのかどうかを検証してみましょう。

→ まったくのデタラメです。バカバカしい俗説ですね。すべてその人の持つ個性です。

Gスポットを発見したのは、1950年代に活躍したドイツ人医師、エルンスト・グレフェンベルクでした。その功績をたたえ、1981年になって彼のイニシャルを冠して、その名がつけられたのが始まりです。人類の長い歴史で考えると、Gスポットの存在に気づいたのは、ごく最近のことといえますね。以来、科学的、医学的な観点から多くの研究がなされ、議論が交わされてきました。そして、それは現在まで続きます。Gスポットの正体は、今でも完全に明らかにはなっていないのです。

ここでは、現在の段階で最も有力と思われる説を紹介しましょう。それは、Gスポットとは、クリトリスの一部であるというものです。

こういわれても、ピンと来ない人が多いかもしれませんね。「Gスポットは膣の内側にあるんじゃないの?」「クリトリスと膣は離れた場所にあるのに?」「あんなに小さなクリトリスに、どうしてGスポットが存在するというの?」……頭のなかにたくさんのクエスチョンマークが浮かんだとしても、それは仕方のないことでしょう。

Gスポットを知る前に、まずクリトリスについて理解する必要があります(次頁図2-1)。私たちの目に見えているのは、クリトリスのほんの一部、陰核亀頭《いんかくきとう》と呼ばれるあず

図 2-1

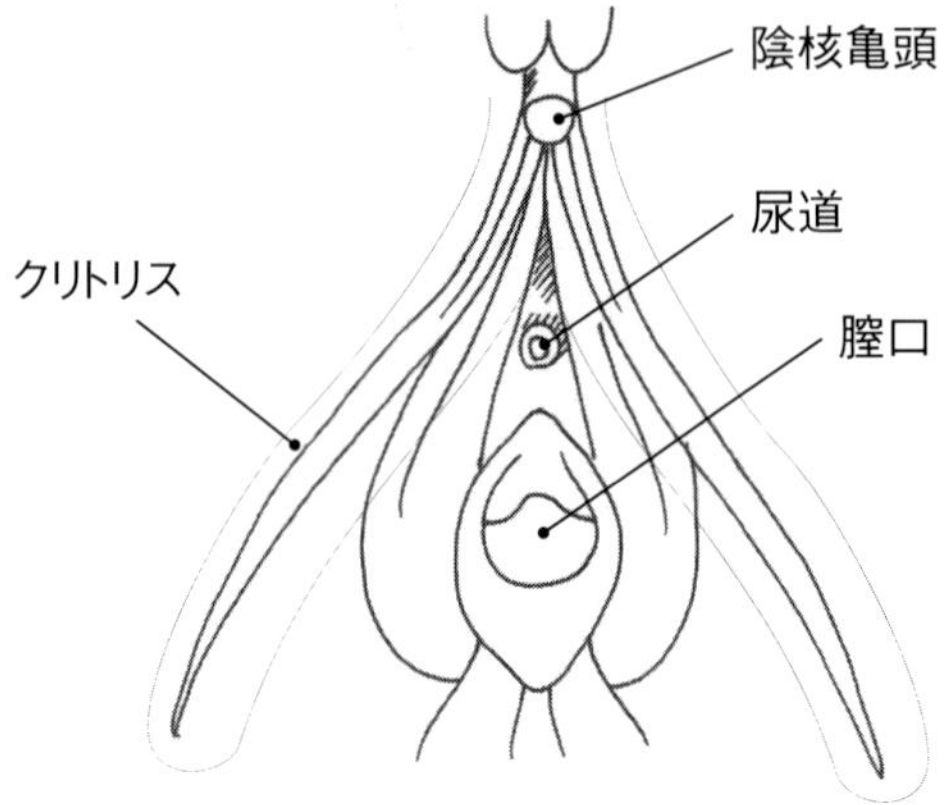

き大の部分です。その名のとおり、男性の身体でいうとペニスに相当します。**ペニスとクリトリスは、そもそも発生学的に同じ器官。受精卵からヒトになるときに、男性になるか女性になるかによって別々の器官へと分かれたものなので、その構造や、刺激に対する反応はとてもよく似ています。**

男性が性的興奮を得るとペニスは固くなります。誰もが知っている、勃起といわれる現象ですが、これは海綿体に血液が流れ込むことで起きます。ペニスには亀頭海綿体、陰茎海綿体、尿道海綿体の3種類の海綿体があり、それぞれ球海綿体筋という筋肉に包まれています（図2-3）。

海綿体とはスポンジ状の組織で、ふだん

→ 女性器はそれほどヤワではありません。強烈な痛みを伴う出産に耐えられるのですよ。

図 2-2

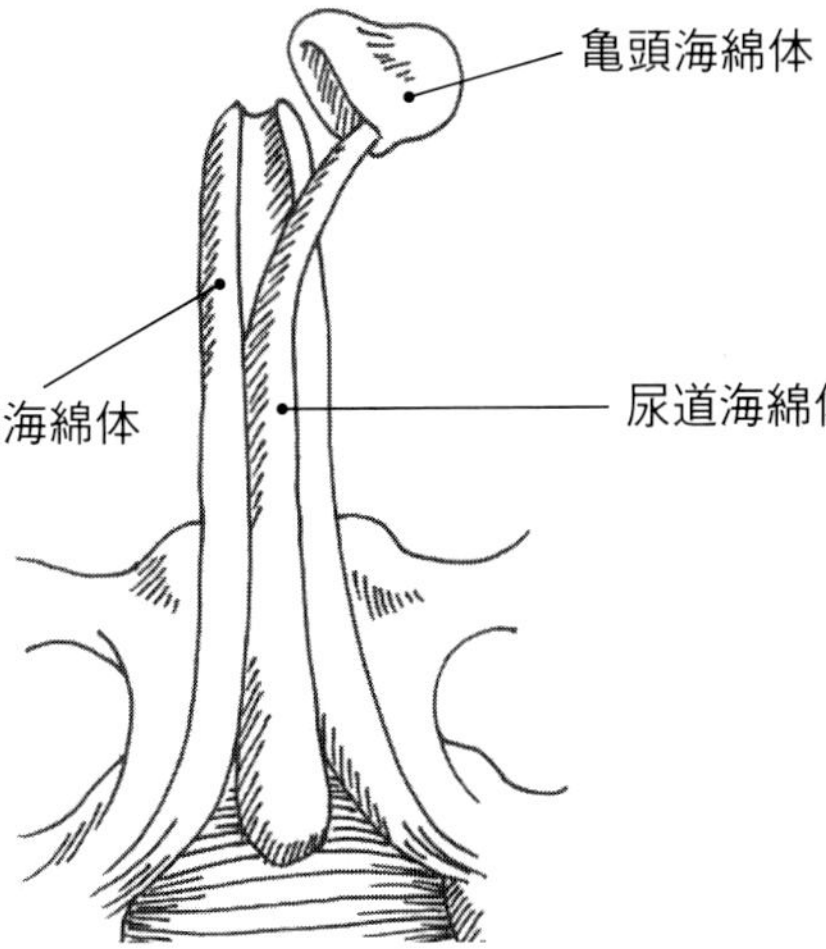
亀頭海綿体
陰茎海綿体
尿道海綿体

図 2-3

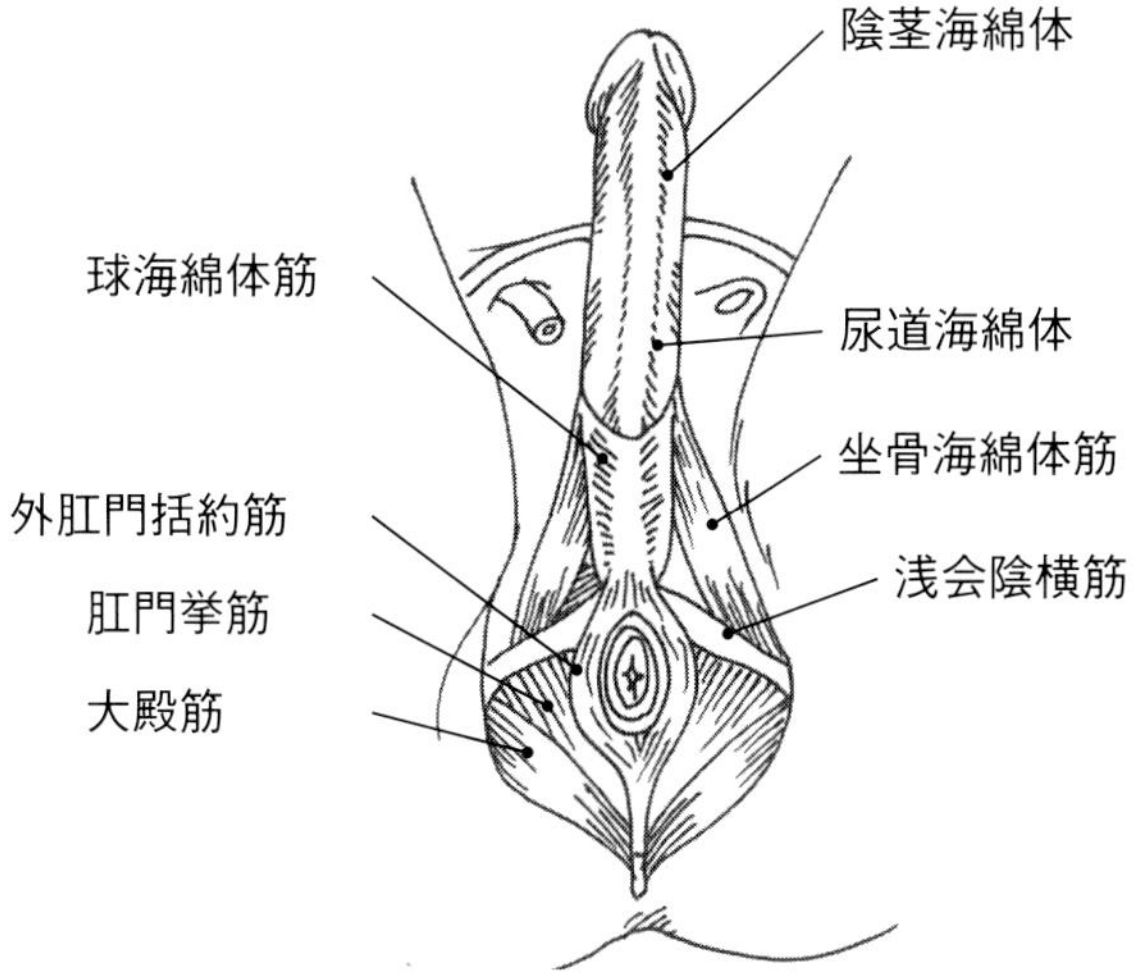
陰茎海綿体
球海綿体筋
尿道海綿体
坐骨海綿体筋
外肛門括約筋
浅会陰横筋
肛門挙筋
大殿筋

はスカスカの状態ですが、ペニスを手で擦ったり女性の膣内に挿入したりして刺激を受けると、血液がドッと流れ込むため大きく膨らみます。さらに、海綿体は周囲を神経で包まれているので、その神経が刺激されることになり、男性は快感を得られるのです。

女性のクリトリスにも、実はこの海綿体が存在します。クリトリスの先端、陰核亀頭を刺激すると、ぷくっと膨らみます。これは男性のペニスと同様に、海綿体に血液が流れ込んで充血したためです。海綿体の周りに神経が走っているのもペニスと同じですが、クリトリスはこの小さな膨らみのなかに、非常に多くの神経終末が密集しています。その数だけを見れば、ペニスの亀頭と同じ程度ですが、ペニスのほうがサイズが大きいため、密度が低くなります。クリトリスがとても敏感な器官とされ、ほんのわずかな刺激だけでもオーガズムに達してしまう人がいるのも、この仕組みを知れば納得です。

さらに、（図2-1）にあるように、陰核亀頭を頂点として2本の長い脚のようなものが伸びて、膣をはさみ込むようにしています。ここにも海綿体があるため、陰核亀頭が刺激されると連動して充血し、太さを増します。これによって膣がギュッと締めつけられますが、クリトリスでイクと膣も気持ちよくなる人が多いのは、このためです。

クリトリスには、快感を誘発する以外、特に役割がありません。けれど、こう考えるこ

→ 膀胱炎の危険があるので、尿意のないときに尿を止めるような筋トレをしましょう。

とはできます――クリトリスで気持ちよくなるからこそ、女性は積極的にセックスをしたいと思い、セックスをすることで子どもができます。つまり、クリトリスにこれだけの神経があるのは、人類が種を残すためのプログラミングではないでしょうか。

ここまでで、クリトリスは海綿体の塊のようなものであることがわかりました。Gスポットに話を戻しましょう。先述したとおり、**実はこのGスポットもクリトリスの一部であるという説が有力です。**刺激されることで海綿体が充血して膨らみ、周りの神経が反応して気持ちよくなる――これが、Gスポットで快感を得られる仕組みです。

つまり、Gスポットは膣の内側にはありません。膣の外側ではありますが、ほとんど近接しているため、ここを刺激するには、膣のなかに指やペニスを挿入してアプローチするしかありません。位置の目安は、膣口と子宮のちょうど中間くらいとされています。膣の長さは平均8㎝、長い人でも10㎝とされていますので、中指を挿入し、第一関節を軽く曲げたあたりだと考えるといいでしょう。

最初の疑問を思い出してください。はたしてGスポットは、快感のスイッチなのでしょうか？

Gスポットはクリトリスの一部であるだけに、これといった機能を持ちません。いわば、気持ちよくなるためだけに、存在する器官です。そう考えると〝快感のスイッチ〟という表現は、Gスポットを言い表すものとして案外ふさわしいのかもしれません。

しかし、**そもそもオーガズムというのは、そう簡単に起きるものではありません。強い刺激を与えようと膣壁をゴシゴシ擦るなんて論外！** 女性はやさしい愛撫でないとオーガズムはおろか、感じることもできません。激しいほど感じるものという思い込みを捨て、乱暴な愛撫は今すぐやめて、指の腹でそっとノックするように触れてください。大事なのは、女性が感じてきても単調なリズムを崩さないことです。せっかく気持ちよくなったのにリズムを変えられてしまっては、オーガズムは遠ざかります。淡々とした愛撫でGスポットを刺激すると、女性はひとりでに昇りつめていくはずです。

→ 確かにアルコールは人を大胆にはしますが、男女とも快感に対して鈍くなるのも事実です。飲みすぎた後のセックスは不快感も伴い、後悔にもつながります。

2-4
Gスポットは誰にでもあるものなのか？

2010年、イギリスのキングスカレッジに在籍する研究チームから、Gスポットについてのユニークな研究論文が発表されました。さまざまな世代の双子の女性を対象に、Gスポットが誰にでも存在するかどうかを調査したものです。

これは、性科学会でも多大な関心が寄せられているテーマです。**女性には膣でイケる人と、そうでない人がいます。なぜそのように分かれるのかを考えると、もしかするとすべての女性にGスポットがあるとは限らないのではないかという仮説にたどりつくからです。**

論文によると、56％の女性が自分にはGスポットが「あると思う」と答え、残りの女性が「ないと思う」と答えました。ただし、調査方法は、対象者に〝Gスポット〟という語句を用いずにいくつかの質問をすることで、彼女たちに「自分にGスポットがあると思う」または「ないと思う」のどちらかを自己申告させるというもので、非常に主観的な内容となっています。それゆえ、調査結果の信頼性が高いとはいえないのが残念なところです。というのも、「自分にはGスポットが絶対にある！」と断言できる人のほうが、圧倒的に少ないと思われるからです。

研究はさらに掘り下げられ、オーガズムを体験した女性はどれくらいいるのかという問いに発展しています。驚くべきことに、**「Gスポットがないと思う」と答えていた人の約3割がオーガズム体験があると答えています。これによって、研究チームは、Gスポットと膣でのオーガズムのあいだには関連性がないのではないかと疑問を呈しています。**

しかし、ひとことで〝膣でイク〟といっても、Gスポット以外にポルチオ（子宮頸部）でのオーガズムがあるため、この結論はいささか短絡的な印象を否めません。ただ、この結果を見た世界の性科学研究者たちは「Gスポットがない人もいる」という可能性については、納得を示す傾向にありました。こう考えたほうが、膣でイク人とイケない人がいるのはなぜかという疑問が、すっきり解明できるからです。

では、なぜGスポットがある人と、ない人に分かれるのでしょうか？　キングスカレッジに在籍する研究チームは、Gスポットがある人とない人がいるという前提から新たに生まれたこの疑問の答えを見つけるため、さらに調査を重ねました。その方法は、一卵性の

→ いいえ。アクロバティックな姿勢は事故の元。抜かないことにこだわりすぎないで。

双子女性と二卵性の双子女性に、Ｇスポットの有無を質問し、それぞれの回答が占める割合を比較するというものです。

結論としては、一卵性の双子で「ふたりともＧスポットがあると答えた」あるいは「片方だけＧスポットがあると答えた」割合と、二卵性の双子で「ふたりともＧスポットがあると答えた」あるいは「片方だけＧスポットがあると答えた」割合のあいだには、ほとんど差がなかったといいます。同じ双子でも、一卵性であれば遺伝的に同じ特質を持ち、二卵性であれば異なる特質を持っています。このことは、Ｇスポットの有無は遺伝によって決まるものではないということを意味しています。

イタリアのラクイラ大学の研究によれば、「膣内オーガズムを感じたことがある」と答えた9人と、「感じたことはない」と答えた11人の膣内を超音波スキャンしたところ、前者のグループは後者よりも、膣前壁の組織にはっきりとした厚みがあることが判明したという報告もあります。

Ｇスポットの有無については、今後、さまざまな角度から研究が進むと思われます。たとえば、なぜＧスポットがないのに膣でイケるのか？　Ｇスポットの有無で、感度や、セックスに対する積極性は変化するのか？　なかには、膣の組織の一部を取り出して観察

図 2-4

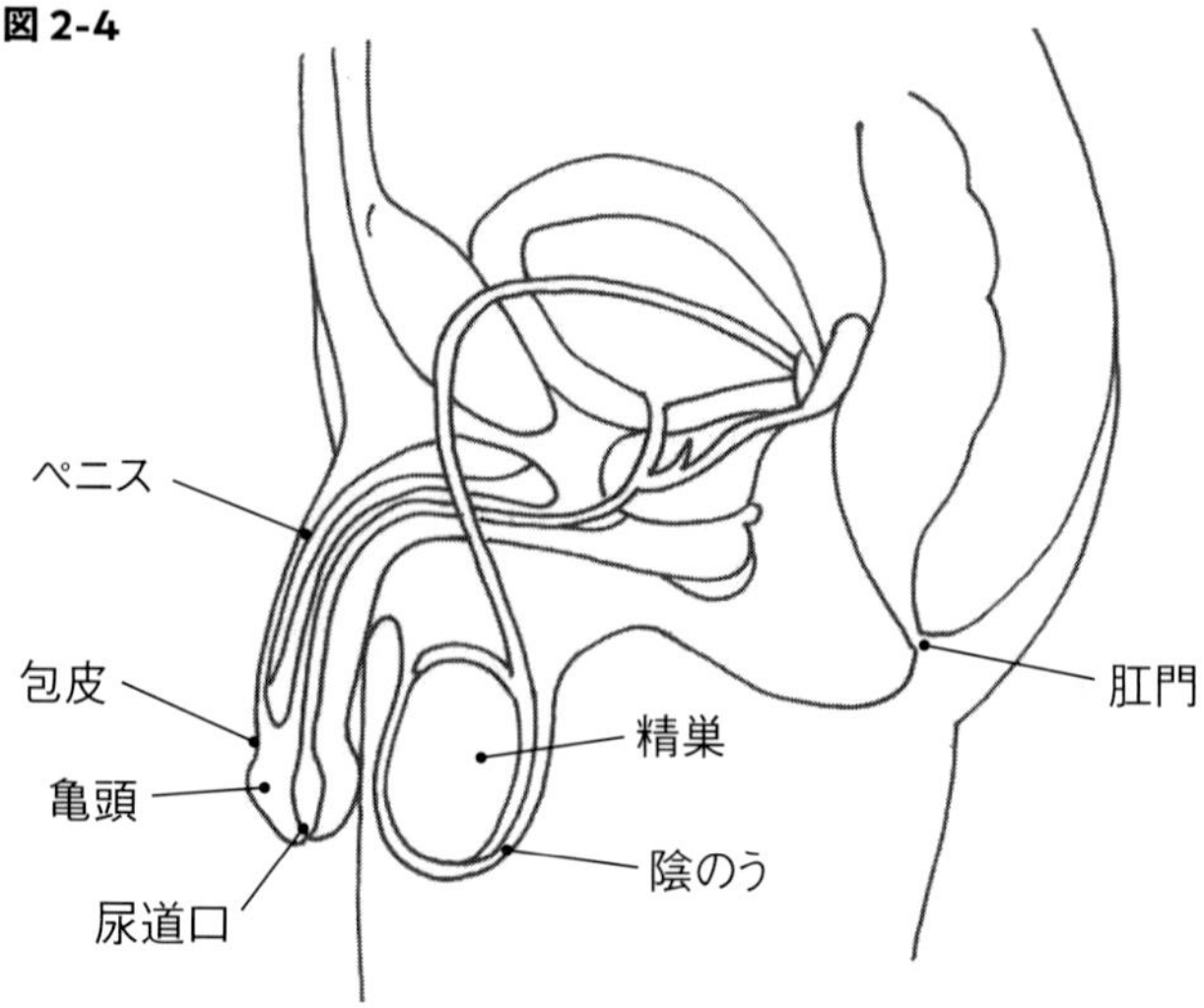

しても、神経終末が集中した部分の存在が証明できないため、Gスポットの存在そのものが〝神話〟だと考える研究者も多くいます。Gスポットという、未だ謎に包まれた性感帯を解明するため世界各地で行われている研究に、今後も注目していきたいと思います。

●男性の性感帯は、ペニスの先端に集中！

ペニスと陰のうからなる男性の性器。女性と比べるとすべてが露出して目に見えていますし、ずいぶんシンプルですが、このなかに、いくつかの性感帯が隠れています。

まずはペニスの先端、ふっくらと張り出した亀頭は、非常に感じやすい部分として

→ 両者を区別しているのは日本だけ。基本、あまり変わらないと思ってください。

知られています。キノコのカサのように張り出した縁は〝カリ〟と呼ばれることが多く、**ここがピストン運動のときに女性のGスポットを擦りあげることで、あなたも彼女も同時に気持ちよくなれます。**

ペニスの裏側にも注目してください。くしゅくしゅとした皮が中心部に寄り集まって、縫い目のような形になっている部分がありますね。これが〝小帯〟です。あまり聞きなれない名前かもしれませんが、実は亀頭に匹敵するほど敏感な性感帯です。挿入時には、膣内のヒダとの間に起きる摩擦によって、快感を得られます。

また、性器と肛門のあいだにも性感帯があります。医学用語では会陰《えいん》と呼ばれていますが、世代によっては。〝蟻《あり》の門渡《とわた》り〟という言葉のほうが耳になじんでいるかもしれませんね。皮膚が山脈のように盛り上がっているので、このようにユニークな異名がついたようです。この部分にそっと指を這わせたり、舌で舐めあげたりすると、背筋がざわざわとするような快感を得られる男性はとても多いようですよ。

Chapter 3

オーガズムって何？

本当に大胆な冒険は、自分の中から始まる。

―― ユードラ・ウェルティ

3-1 オーガズムはセックスを始めてすぐには訪れない

オーガズムとは何かをひとことで説明するのなら、男女がそれぞれの性器で感じる快感の頂点、すなわち絶頂感です。

互いに触れあい、ともに濡れて、身も心も溶けそうになるほどの快感におぼれて、気が遠くなりそうなほど感じて、感じて、感じて……この気持ちのよさが最も極まった、ごく短い時間のことです。

頂点というからには、そこに至るプロセスがあります。男性のペニスを体内に迎え入れてすぐに、女性が身もだえ、絶頂を迎える……というのはありえません。「○秒で絶頂」などと謳ったアダルト作品などが作り出した幻想のようなものでしょう。早くイカせることが、セックスが上手いわけではありません。

現実の男女であれば、性欲を感じてからオーガズムに達するまでには、左のグラフのよ

→ この思い込みは、絶対にNG！　イヤなものはイヤなのです。

グラフ 3-1
オーガズムに達するまでのプロセス

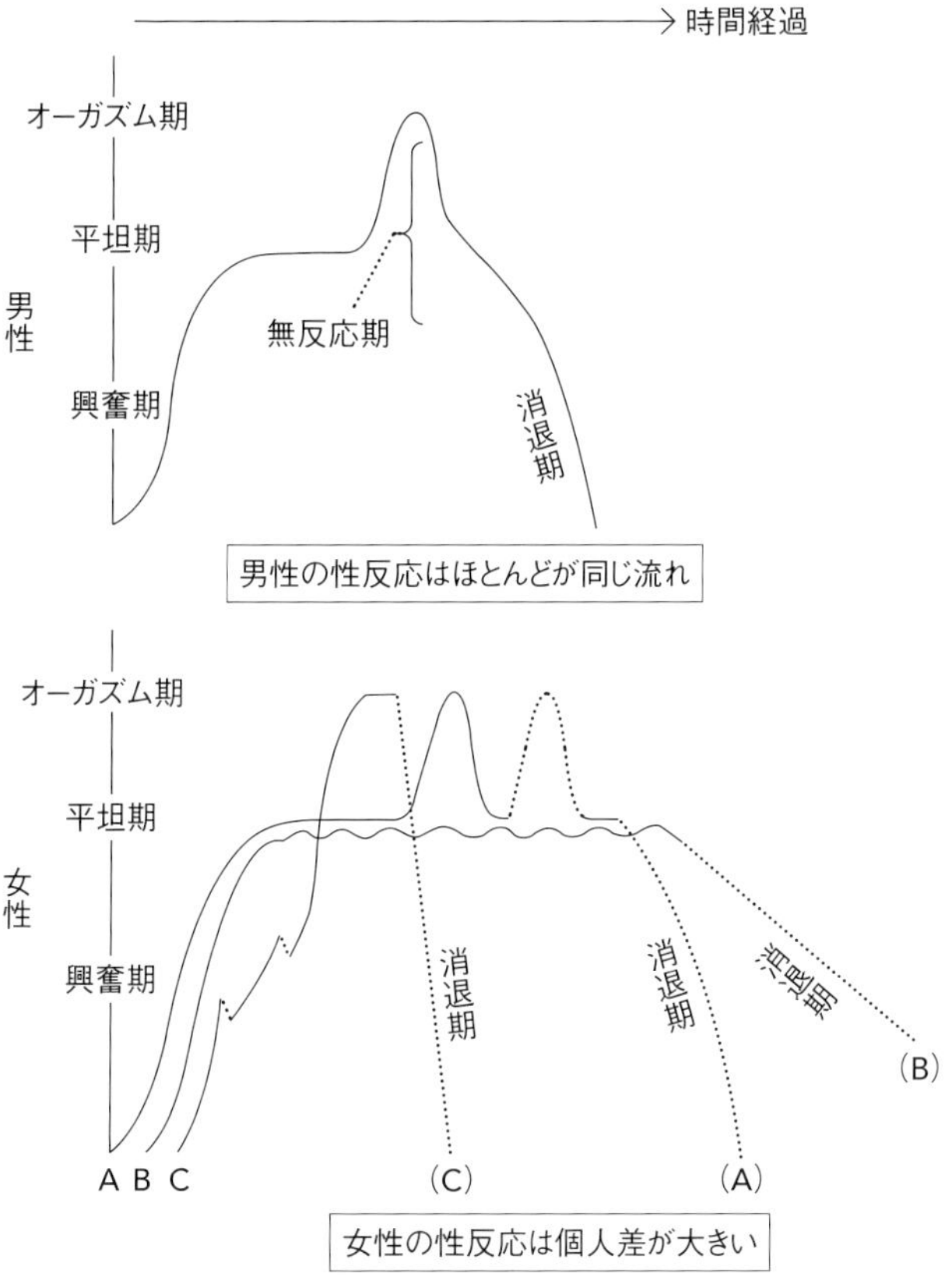

興奮期……性欲を感じ、身体が性的反応を始める段階
平坦期……オーガズムまでの助走段階
オーガズム期……快感がクライマックスに達する段階
消退期……快感が去り、身体がふだんの状態に戻る段階

うなプロセスをたどります。

1の興奮期から2の平坦期にかけて徐々に快感が高まり、3のオーガズム期を迎え、そして4の消退期になって快感が退いていく、というのが大まかな流れですが、それぞれの段階にかかる時間の長さは男女で差があり、もちろん個人差もあります。

特に女性は、グラフのAのように絶頂感を一度ならず何度も体験する人、Bのようにオーガズムまで至らないまでも快感に長い時間浸れる人、または短時間でオーガズムに達し、すぐに消退期を迎えるCのような人など、個々でかなりの差があります。さらにそのときどきの環境や体調によっても変わりますが、セックスであってもマスターベーションであっても、男女ともに必ずこの4段階のプロセスをたどります。

ですから、挿入してすぐにイクというのは、走り幅飛びにおいて、ろくに助走もせずにジャンプしたにもかかわらず、助走で勢いをつけて踏み切った場合と同じ記録が出た、というくらいありえないことなのです。

あなたが男性だとしましょう。**セックスをしている最中に、自分が、もしくは彼女がどの段階にいるかは、どうすればわかるのでしょう？** それがわかれば、彼女がまだ平坦期に入っていないのに、激しいピストンをして痛い思いをさせたり、または自分だけ先に果

→ 恥ずかしがらないで。男性から口火を切ったほうがチャンスは増えますよ。まずは素直に言葉で気持ちを伝えましょう。

てしまったりといったことが避けられますね。

答えは、相手の反応をよく観察することです。肌がほんのり紅潮する、体温が上がる、声が高くなる、脈拍が増加し、呼吸が乱れる、手脚が緊張する、またはだらりと弛緩《しかん》する……などなど、五感でわかるサインが必ずあるのです。

感じているときに、それぞれの身体にどんな変化が起き、どんなサインがあるのか、男女別に見ていきましょう。

3-2
男性のオーガズム＝気持ちよくなったら射精まで一直線！

●プロセス1　興奮期…男性は目からの刺激で興奮しやすい

ほとんどの動物にはメスの排卵にあわせてオスの生殖機能も働きだす、いわゆる〝発情期〟がありますが、人間は春夏秋冬いつでも性欲を感じ、セックスをすることができる野性を失った動物です。なぜなら、「生殖」以外の目的でセックスを楽しんでいるのは人間だけだからです。

特に男性は、ちょっとしたきっかけで性欲のスイッチが入ります。

たとえば、食事中に彼女の濡れた唇が目に入る、グラビアアイドルの挑発的なビキニ姿を雑誌で見る、スカートのスリットからチラリとのぞいたナマ脚を目撃する……それだけでムラムラしてしまった経験は、男性なら誰しも一度はあるでしょう。このように、男性は視覚による刺激で性的興奮を得ることが多いといわれています。

もちろんほかにも、好きな女性のことを考えたり、セックスを連想させるにおいや音、声をキャッチしたりすることで、性欲に火がつくこともあるでしょう。きっかけはさまざまですが、男性が興奮期に入ったことを示す身体的反応は一目瞭然、ペニスの勃起です。

ただし、コロンブスの卵ではありませんが、男性の場合は勃起したあとに性欲を感じることもままあります。特に性欲を感じていなくても、しごいたり撫でたりといった物理的刺激を与えることで、ペニスは簡単に勃起します。そして、この身体的反応が起きたことによって気分が盛り上がり、セックスをしたいと思うようになるのです。

これは、男性だけに起きる特有の現象です。**女性は物理的な刺激から性欲に火がつくことは男性に比べるとまれで、愛情があって初めて性欲を感じる傾向にあります。**「愛して

一度や二度断られても気にしないこと。ただし断られた理由をしつこく彼女に尋ねるのも、あまり健康的ではありませんね。

いない人とセックスなんて無理！」「彼氏とケンカ中はエッチな気分にはなれない」というセリフを聞いたことはありませんか？　男性と女性とでは、性欲が「オン」になるきっかけに違いがあるため、このようなすれ違いが起きるのです。

●プロセス2　平坦期…ペニスの先端から出るカウパー腺液が目印！

興奮期で勃起したペニスを、彼女の手でしごいてもらったり、舌で愛撫してもらったりすると、ふだんはだらりとぶら下がっている陰のうが自然と持ちあがり、尿道から〝カウパー腺液〟がにじみ出てきます。これが〝平坦期〟のはじまりです。

さらさらとした透明な体液である〝カウパー腺液〟の量には個人差がありますが、これは快感の強い弱いを計るバロメーターではありません。射精までのあいだずっと分泌され続けるアルカリ性の液体なので、勃起している時間が長いほど量も多くなるだけのことです。

では、カウパー腺液は一体何のためにペニスの先を濡らすのでしょうか？

ひとつめの役割は、男性の尿道をきれいにすることです。当然のことですが、尿道にはおしっこが残っていますが、それだけでなく、一度目のセックスが終わったあとであればそのときの精液も残存している可能性があります。これが女性の膣内に入ってしまっては、不衛生。アルカリ性のカウパー腺液は、こうした残留物を事前に洗い流すことで、女性の身体を感染症などから守っているのです。

膣とペニスのあいだの摩擦を少なくするのも、カウパー腺液の大事な役割です。女性のラブジュースと同じく、これがあることでペニスが膣を出入りするときの摩擦が減り、ピストン運動が滑らかになって、互いの粘膜を傷つけることもなくなります。快感の度合いも確実にアップするでしょう。

そして忘れてはならないのが、妊娠を成立しやすくするという役割。女性の膣のなかは弱酸性に保たれていますが、実はこの環境下では精子が死んでしまうのです。子宮の奥にある卵子が受精するためには、男性が射精する前に膣内を中和する必要があり、そこでアルカリ性のカウパー腺液の出番となるわけです。

つまりカウパー腺液が出てきたということは、女性の膣内に入るための下準備ができたということ。彼女の身体も平坦期を迎えて、ペニスを受け入れられる状態になっているなら、挿入準備完了です。

→ 世界のトップバッターでも、打率は３割強です。

●プロセス3　オーガズム期…わずか数秒間で終わる絶頂期

女性の膣のなかというのはとても温かく、そのうえしっとりと潤っています。ペニスがこれに包まれているだけでも気持ちいいものなのに、あなたの腰の動きに合わせて彼女の膣内がうごめき、ペニスをやわらかく締めつけてくるとなると、もうたまりません。

ペニスがうっとりするような快感に包まれているあいだ、あなたの骨盤の底の筋肉がひそかに緊張してきます。だいたいの人にとっては無意識のうちに起こる現象ですが、なかには腰のあたりが甘くしびれるように感じる人もいるかもしれません。

濡れたヒダとの摩擦が気持ちよすぎて、ついにペニスが限界に達し、摩擦の心地よさに射精の衝動をおさえられなくなると、膀胱《ぼうこう》の括約筋《かつやくきん》がゆるみ、骨盤の底の筋肉がビクッ、ビクッと律動的に収縮します。そしてそのリズムに合わせて、ドクッ、ドクッという一定のリズムを刻んで、尿道から精液が吐き出されるのです。

精巣に蓄えられていた精液が尿道を流れていく時間は、ほんの数秒。男性のオーガズムは、このわずかな時間で終わってしまいます。

水鉄砲のようにビュッと噴き出たり、したたり落ちるように流れ出たり、射精の勢いはさまざまですが、精液の量は2〜4mlといわれています。お料理で使う小さじ1杯以下。

射精の勢いや、精液の量の多い少ないは、快感の度合いと比例するものではありません。たくさん出たら女性の快感が高まるなんて、AVの観すぎです。

泌尿器科の医師によると、若い男性ほど精液が元気よく飛び出し、酒を飲んで酔った状態ではだらだらとした射精になるそうです。このように勢いのない射精は、実は高原期の段階からカウパー腺液に混ざって、いくぶんかの精液が漏れている可能性があります。ですから、妊娠を望まないカップルの場合は、挿入前からコンドームをつけるようにしましょう。

●プロセス4　消退期…恋人と気だるい余韻にひたる時間

オーガズムの強い快感から1分も経てば、ペニスから血が引き上げます。そうなると、勃起がおさまり、ほどなくペニスは通常のサイズに戻ります。持ち上がっていた陰のうも再びだらりと垂れ下がった状態になるでしょう。

これが消退期ですが、男性にはそのあと〝無反応期〟といって、興奮したりペニスが勃起したりといった性的反応を起こすことがまったくできなくなる時間があります。いわゆる「賢者《けんじゃ》タイム」というものです。年を重ねるにつれ、この無反応期は長くなります。

誘うところからセックスです。面倒だからこそ、その先に待っているものがすばらしいのです。

若いころは一晩に何度でもできたのに……と嘆く人もいるようですが、これは性機能の衰えというより、全体的な身体機能の低下に原因があるようです。

射精のあとは全身の筋肉が弛緩し、満足感、幸福感が残ります。「まだまだ若い！」とムキになってすぐに2回戦に挑むよりも、彼女と一緒にこの余韻にひたるほうが、素敵な時間を過ごせるのではないでしょうか。セックスは、量より質ですよ！

3-3

女性のオーガズム＝我を忘れるほどの強烈な絶頂感

●プロセス1　興奮期…性欲に火がつくとラブジュースがあふれ出す

早くベッドインしたいのに、なかなか彼女がその気になってくれない……そんなときあなたは、待ちきれずに女性の性感帯や性器に、直接触れていませんか？

性欲のスイッチがオンになっていない女性の身体にむやみに触れても、嫌がられるだけです！　女性は全身への愛撫によって興奮しやすいため、下着姿でハグしあったり、抱きしめて髪や背中をやさしく撫でたりといった、**男性にとってはちょっと物足りないくらいソフトなスキンシップから始めたほうが、実は近道なのです。**焦りは禁物。全身へのやさしいタッチから、耳や首すじ、乳首など感じやすいパーツへの愛撫に移行すると、彼女の身体は自然に開いていきます。

興奮期に入った女性は骨盤が充血し、膣の壁から〝愛液〟〝ラブジュース〟などといわれる、さらさらした潤滑液が染み出てきます。いわゆる〝濡れる〟という状態です。ラブジュースは、女性が感じ始めた証拠。これはほぼ間違いありませんが、その量が多いほど、彼女が興奮している、感じているということは断じてありません。

ラブジュースの量には個人差があります。そもそもラブジュースの正体からして未だ多くがナゾに包まれているのですが、その成分は血液から作られており、汗のようなものも含まれているというのが通説です。

炎天下で同じように暑いと感じていても、たくさん汗をかく人と、そうでもない人がいるように、シーツをぐっしょり濡らすくらい分泌する人も、あまり濡れずにローションを常用している人も、どちらも等しく快感に溺れているということは十分にありえます。ラブジュースの量は、体質やその日の体調によって大きく左右されるのです。感度のバロ

→ セックスの前は誰もが演出家になるべきです。エロスの前にロマンスを！
ロマンチックな行為こそが気持ちのいいセックスの大事な土台です。

メーターではありません。

実際、あまり水分をとらず脱水症状に近い状態でセックスをすると濡れにくいといわれています。「朝は濡れにくいからセックスしたくない」という女性がいますが、これは寝ているあいだに汗をかいたせいで、身体のなかの水分が少なくなったからと考えられます。アダルト作品などに出演する女性のなかには出番の前に水をたくさん飲んでおく人もいるそうです。

また、**年齢を重ねれば、ホルモンのバランスが変わり、ラブジュースの量も少なくなります。多い、少ないに気をとられるのではなく、彼女なりの濡れ方を把握するのがよいでしょう。ローションを使ってみるのも一案です。**

興奮期のもうひとつの特徴に、クリトリスが大きくふくらんでくる、というものがあります。女性だけにあるこの器官は、興奮すれば自然に勃起するものですが、指や舌でそっと触れられると刺激に反応して、ますます敏感で感じやすくなります。クリトリスは男性でいえばペニスに相当する器官ですから、反応もよく似ているのは当前です。あなたのやさしい愛撫で彼女が感じるほど、少しずつ挿入に向けての準備が整ってきます。

●プロセス2　平坦期…性器が色づき、花開く

興奮期が快感のウォーミングアップだとすれば、平坦期から助走が始まります。オーガズムというラストスパートにスムーズに移行できるよう、焦らず無理せず、彼女の身体の変化を観察しながら、丁寧に愛撫することが大切です。

助走に入ったかどうかは、彼女の性器をよく観察すればわかります。外陰部が色づいた果実のように赤みを増し、さらに膣口がペニスを受け入れられるよう広がり始めます。

これらの変化は、できれば目で見て確認したいところですが、性器をまじまじと見られるのが好きでない女性も多くいるので、そんな彼女の場合は、小陰唇に触れてみましょう。充血し、これも果実にたとえるなら、まさに熟れごろといった様子でふっくらと肉厚になっているはずです。

彼女の性器がここまで反応していれば、指やペニスを膣内に挿入してもOKです。ただし、必ず爪は短く。男性を受け入れると、膣は神秘的ともいえる変化をとげます。入口から3分の1までは膣壁はさらに充血してぽってりと厚みを増し、挿入された指やペニスをぎゅっとグリップします。その一方で、膣の奥には空間ができるため、あなたはペニスや指を女性のなかで自由に動かすことができるのです。

→ ときに失神する人もいなくもありませんが、失神させようと激しい行為をするのはNG！

Gスポットや子宮頸口＝ポルチオを上手に刺激してあげると、血圧や脈拍が上昇し、全身の肌が紅潮していきます。呼吸数が増え、短く喘《あえ》ぐようになり、オーガズムに向けて加速していくのです。

●プロセス3　オーガズム期…我を忘れそうなほどの絶頂感

あなたのペニス、あるいは指が膣を出たり入ったりするたびに、彼女はますます感じ、膣はあなたを奥まで受け入れようと、あやしくうごめきます。頬が紅く染まる、高い声で喘ぐ、大きく身をよじらせる……など、快感を知らせるサインが増えてきたら、オーガズムまであと一歩です。

このとき彼女の体内では、目に見えない変化が起きています。骨盤底筋群《ていきんぐん》が緊張を始めるのです。この緊張感は、オーガズムに向けての心地よい高揚感とともに、全身に広がります。彼女の手脚に注目してください。無意識のうちに外へ外へと伸びていくのがわかるでしょう。また、乳房が張ってひとまわり大きく膨らみ、乳首がぷくっと隆起します。

そして、いよいよオーガズムが訪れます。

子宮と膣、肛門括約筋が約０・８秒に１回のリズムで収縮します。このとき女性は、我を忘れてしまいそうなほどの気持ちよさに襲われているのです。男性のオーガズムがペニスと睾丸だけに限られているのに対して、女性はこの絶頂感が全身に広がっていきます。

絶頂に昇りつめたとき、彼女はどんな声を出しますか？　**アダルト作品では「イク！」と絶叫したり、甘い声ですすり泣いたりという表現がよく見られますが、ほんとうにオーガズムを迎えると、そんなかわいらしい反応をする余裕はなくなるようです。**下半身からわきあがってくる快感で、動物が低くうめいているような声をあげる人も少なくないようですよ。

女性でも自覚している人は少ないようですが、オーガズム期の女性は、痛みの感じ方が通常の半分ほどになります。

ということは、通常ならやや乱暴に思えるくらいの、激しいボディコンタクトをしても、彼女は平気だということです。腰と腰とを打ちつけるようなピストン運動も、セックスが始まったばかりのときは避けたほうがいいですが、一度オーガズムに達したあとは試してみてください。ただし、彼女が嫌がっていたら即座にやめましょう。痛みの感覚には個人差が大きいのです。

同時に、その他の感覚は鋭敏になっているため、肌を1本の髪の毛でなぞるだけでも、

→ みんな違って当たり前です。セックスに支障はまったくありませんよ。彼氏に指摘されてもあまり気にしないで！

激しく感じます。荒々しく出入りするペニスと、敏感になった肌とが、めくるめく官能を呼び起こし、何度もオーガズムに達する女性もいます。一方で深いオーガズムを一度だけ味わうという女性もいます。**よく観察し、コミュニケーションをとりながら彼女の満足度を見極めましょう。そして、彼女の顔に疲れが見え始めたら、あなたもできるだけ早く射精するようラストスパートをかけてください。**

●プロセス4 消退期…興奮が静まり、気持ちが満たされるひととき

オーガズムが終わってからの反応は、女性も男性とほぼ同じです。骨盤のなかに流れ込んできた血がすうっと引き、厚ぼったくなっていた性器も元の状態に戻ります。

ところが、女性がオーガズムに至らないセックスばかり繰り返していると、ここで血液が解放されず、骨盤にたまったままになるのです。ひどい場合は、腰骨や、股関節周辺に強い痛みを感じる〝骨盤痛〟という病気につながることもあります。

無事に血が引いたあとは、心地よい気だるさと、満足感が残るだけ。心身ともに充実したセックスのあとには気持ちが穏やかになるので、ぐっすりと眠ることができますよ。

3-4 女性だけの特権！ 膣以外でもイケるんです

あなたと彼女がペニスを介してひとつにつながり、ふたりともにオーガズムを得られる?? これは、カップルたちにとって、とてもすばらしい体験です。けれど、ある調査によると膣で絶頂に達する女性は、実は1~3割。少数派なのです。

彼女がマジョリティ、すなわち膣でイケない女性だとしても、落胆する必要はまったくありません。女性の身体にはほかにもオーガズムを得られる器官がいくつもあるからです。

膣だけにこだわるのはナンセンス！ ふたりで快感を追求するなら、彼女が確実にオーガズムを得られるポイントを愛撫してあげましょう。

そんな快感のツボともいうべきポイントを、いくつか紹介します。

彼女のことが好きですか？ それとも毛のない女性が好きなのですか？
毛深いから嫌いになるなんて…とても幼稚な言い分ですね。

●男性にも快感が伝わる！ クリトリスのオーガズム

女性がマスターベーションのときに愛撫する場所として、〝クリトリス派〟は〝膣派〟を大きく上回ります。自分の身体のうちでそこが最も敏感かつ、快感を得やすいポイントだということを、女性はよく知っているんですね。生まれて初めて得た性的快感が、クリトリスによるものだったという女性も、男性が考えているよりずっと多いようです。

膣でのオーガズムは全身に広がりますが、クリトリスの絶頂は下半身がしびれたようになります。感じ方が違うのですから、どちらのほうがどれだけ気持ちいいといったふうに比較できるものでもありません。

こんな敏感なポイントを、女性ひとりの楽しみだけにとどめておくのは、とてももったいないことです。男性のみなさんは、どんどん触ってあげてください。前戯の際に79ページからの「実践篇」にあるようなテクニックを駆使して、絶頂へとリードするだけでも彼女は悦びますが、おすすめはふたりがつながっているときに、クリトリスを刺激してオーガズムへと導くことです。

これは医学用語で〝ブリッジ〟と呼ばれるテクニックですが、男性が膣内にペニスを挿入した状態でクリトリスが絶頂に達すると、ふたりで同時に強い快感を味わえます。

♥ 彼女が思ったよりも毛深くて戸惑っています。

膣内で快感を味わっているとき、膣壁（膣内のヒダ状の筋肉）が奥から入口に向かって波打つように収縮します。これが、クリトリスがオーガズムに達することで逆方向に変わるのです。まるで挿入されたペニスを子宮の奥へ奥へと飲みこもうとするかのようで、男性にとってもも大きな快感となります。

幸運なことに、どのような体位でつながっていても、クリトリスは触れやすいところにあります。正常位なら彼女に脚を開かせて、後背位なら彼女の腰を抱えこむようにして背中から手を回し、敏感な芽を刺激するとよいでしょう。ピンクローターなどの道具を利用するのも気分転換になっていいですよ。

●妊娠を促す子宮頸部＝ポルチオのオーガズム

膣の奥、子宮の入口にも〝イケる〟ポイントがあります。子宮頸部、最近では〝ポルチオ〟という呼び名が広まっているので、耳にしたことがある人も多いでしょう。

ポルチオのオーガズムを感じられるのは全女性の10％未満といわれます。そのラッキーな1割の人が得られる絶頂感は、膣やクリトリスで起きるそれと匹敵するくらい強烈なものですが、ポルチオのオーガズムには他にない特徴がひとつあります。それは、妊娠の可

→ PMS（月経前症候群）かもしれません。やさしく労ってあげてください。そして、一度婦人科に行くように勧めてみては？

図 3-1

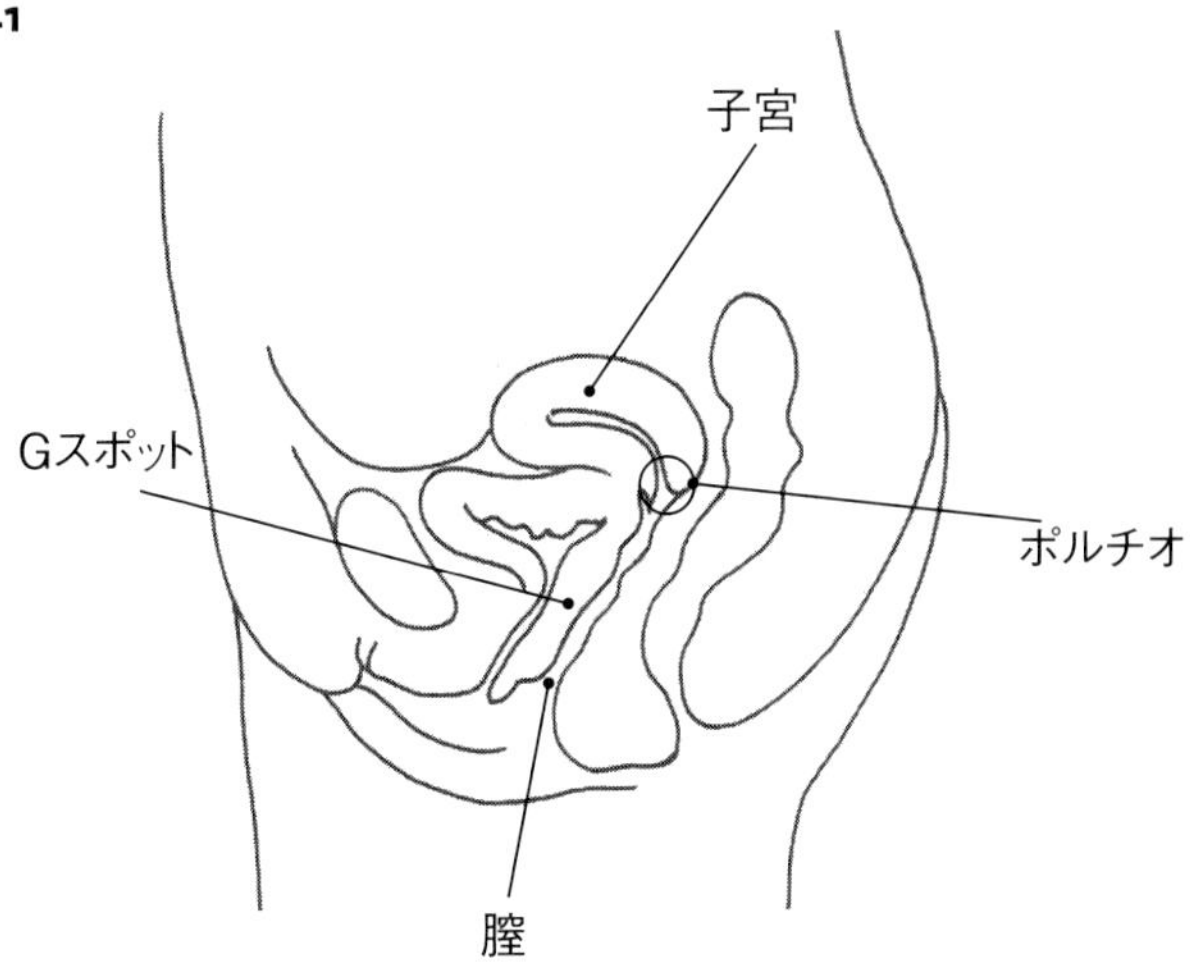

能性が高まるということです。また、ほかの場所の刺激は脊髄《せきずい》神経による刺激ですが、ポルチオは脳から出ている神経を刺激するため体全体への刺激が感じられ、より気持ちいいという説もあります。

オーガズムを迎えたポルチオは、下から上へと収縮します。ちょうどワインをぐいぐいと飲み干すように、強力な圧力で精液を子宮のなかへと飲み込んでいくのです。

オーガズムが何のために起こるのか?? 医学が進歩した現代でもこれはまだ解明されていません。ただ、ポルチオでのオーガズムを見る限り、その目的が妊娠にあることは明らかですよね。子孫を繁栄させるためには、セックスが不可欠。オーガズムとは、できるだけ人間がセックスをして子孫を増やすよう、神様が人間の身体にプログラムした、ご褒美のようなシステムなのかもしれません。

●特殊なパーツでオーガズムに達する例

膣、クリトリス、ポルチオのほかにも、乳首や肛門といったところで絶頂感を得られる人もいます。これに関しては男性も同様で、乳首への愛撫でイク例や、睾丸を刺激されることでオーガズムにまで達する例も報告されています。

とはいえ、男女ともに外陰部、内陰部以外のパーツでイクのはきわめて特殊なこと。オーガズムに導こうとして、執拗に触るのはやめたほうが賢明です。

●ブレンド・オーガズムは女体の神秘

女性のオーガズムが実に複雑で、奥深いものだと思い知らされる現象に〝ブレンド・オーガズム〟というものがあります。

これは、膣内のGスポットやポルチオで得たオーガズムの快感が身体全体に広がり、乳房や乳首、クリトリス、肛門などの性感帯が連動してオーガズムに達することです。全身

→ 車のシートがベッドよりも硬いため、男性の腰の動きがダイレクトに伝わるようです。

で迎える絶頂感は強烈で、「カミナリが走り抜けるような感覚」と表現する人もいます。

残念なことに、男性にはこの〝ブレンド・オーガズム〟は起こりません。ペニスのオーガズムはペニスだけの快感、まれに睾丸などその他の場所で絶頂に達したとしても、それはその場所だけの快感にとどまります。実に神秘的な現象だと思いませんか？　ブレンド・オーガズムについては後ほど詳しく述べます。

3-5

イケない女性はいません。正しい愛撫でオーガズムに導きましょう

女性の心身に深い満足感をもたらすオーガズム。本来、すべての女性は必ずイケます。その可能性を、体内に秘めているのです。

しかし、オーガズムは自然と身につくものではありません。年齢を重ねても、セックスの回数を重ねても、なかなかイケないという人は多くいます。何度かオーガズムを経験し、女性が自分の身体で覚え込まなければ、日常的に絶頂感を得るのは難しいのが実情です。

グラフ 3-2
過去1年間のセックスでオーガズムはありましたか?

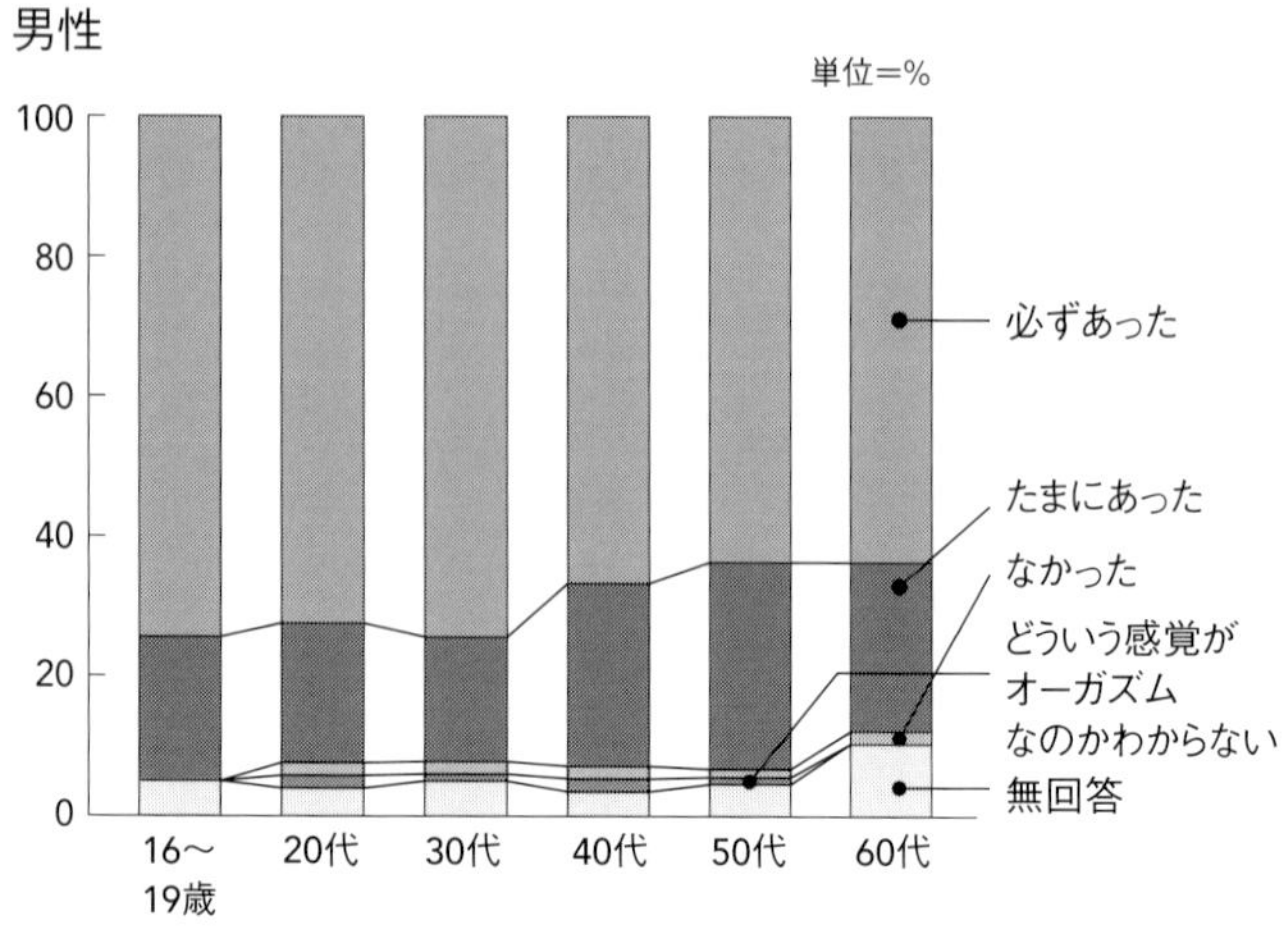

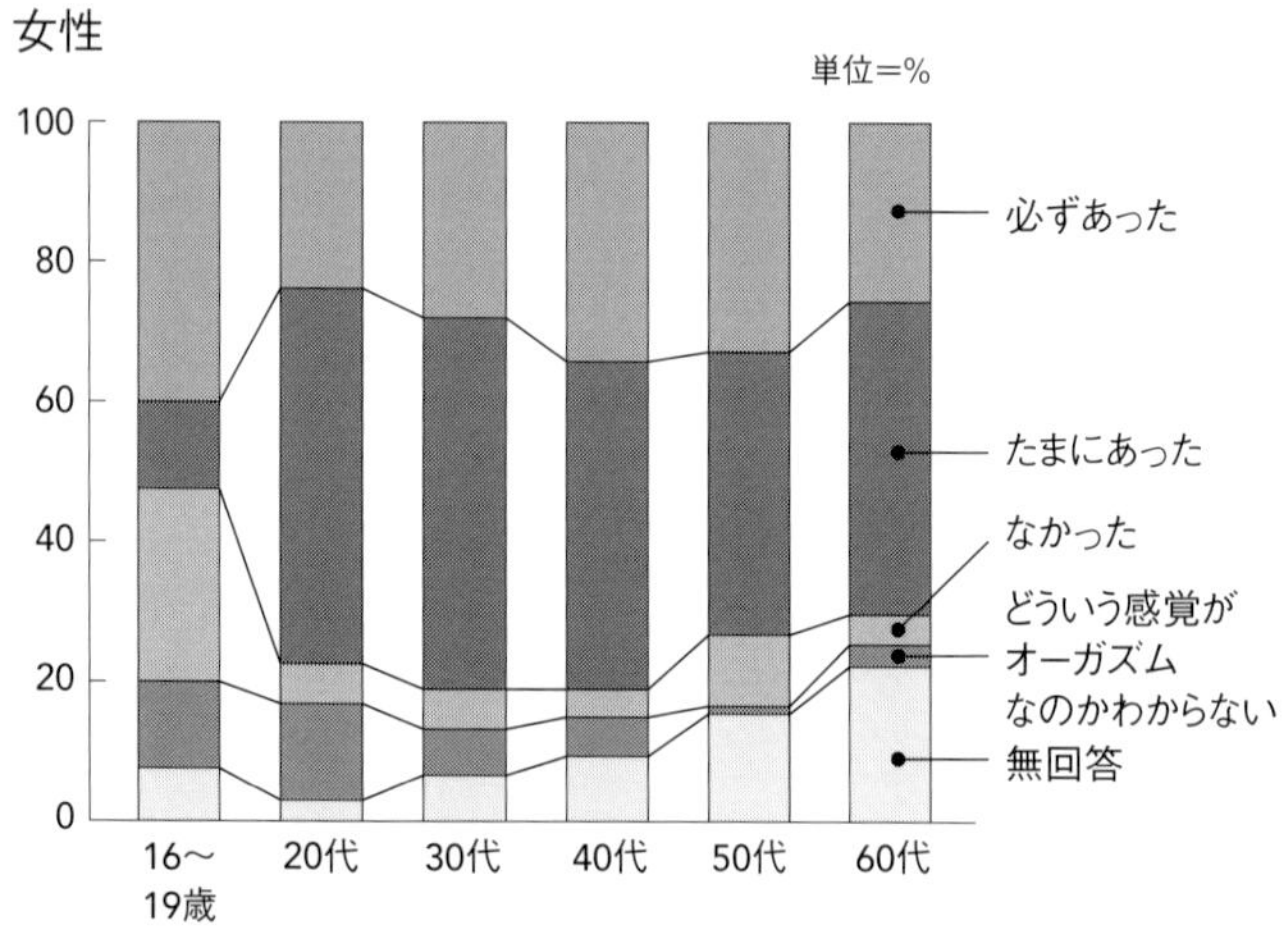

→ そうとも限りません。愛液の量にはとても個人差があります。朝と夜でも違います。

アメリカで大学生659人に対して調査を行ったところ、初めてのセックスでオーガズムに達した男性は79％だったのに対し、女性はわずか7％でした。射精というごくシンプルなオーガズムに終わる男性は学習の必要がないのに対し、複雑で多様な女性のオーガズムは、経験を重ねながら身体で覚えていくものということがよくわかる統計です。日本でも右のような統計があります。

特定の異性とのセックスにおいて、必ずオーガズムを感じていたという女性は、20代以降、年代を問わず全体の3分の1以下です。男性は全年代を通して70％以上がセックスのたびにオーガズムを得ているのに対して、女性の数値がいかに低いかがわかるでしょう。

女性を性的快感の絶頂へと導くのは、それほど難しいことなのでしょうか？

実は、女性を必ずオーガズムに導くことができるひとつの法則があります。

交感神経＋ソフトな刺激で一定のリズムの愛撫＝オーガズム

交感神経とは、興奮を司る神経のことです。これを刺激するのが、彼女をオーガズムへ導く第一歩。具体的には、**「セックスをしたい」という彼女の欲求を盛り上げ、それを持**

続させることです。

夫婦や同棲カップルなら、ふだんの生活空間だと照れくさかったり、なかなか気分が乗らなかったりといったこともあるでしょう。旅行に出かけたり、ときにはラブホテルを利用したり、彼女がセックスに没頭できるシチュエーションを用意するといいでしょう。あなたから与えられる快感に集中できる環境であれば、一度火がついた交感神経をキープできます。

彼女が興奮期に入ったら、愛撫しながら彼女の気分が昂まるようなことを耳元で絶えず囁きかけてください。言葉は時にあなたの指先より有効です。「愛してる」「きれいだよ」という甘い言葉で身体が反応する女性もいれば、アブノーマルな言葉や卑猥な表現で興奮し、交感神経がより活発になる女性もいます。彼女の嗜好を把握しておくことが大事ですね。

こうして彼女の頭のなかをセクシャルな気分でいっぱいにしたうえで、膣やクリトリスを刺激します。「そんなのいつもやっているよ」と思われるかもしれませんが、重要なポイントがあります。それは「むやみに速くしない」「強くしない」です。

女性をイカせようとして、いつも指やペニスの動きを速くしていませんか？

→ 笑止千万！ そんなワケがありません。膣にペニスの形を刻印することはできませんよ。

これは、男性の悪いクセです。はやる気持ちはわかりますが、オーガズムに激しい刺激はいらない、ということを常に頭の片隅において、彼女の身体に触れてください。女性が感じ始めたときのスピードやリズムを変えてはいけません。**淡々とした愛撫、これこそが極意なのです。**

このふたつの条件とあなたへの信頼感がそろえば、女性はオーガズムに達する確率が高くなるのです。簡単なようでいて、実践するのはなかなか難しい……。という人は、「自分の指やペニスでイカせなければならない」という発想を、一度捨ててましょう。ピンクローターなど、アダルトグッズを〝弱〟モードにして使うと、ソフトな刺激を一定のペースで与えられます。

このような、男性には一見、単調に見える愛撫でこそ、女性は簡単にオーガズムに達します。こうして身体がオーガズムを繰り返し経験し、身体で覚え込むことが重要なのです。何度か学習すれば、あなたの指やペニスでも快感のクライマックスを迎えることができるようになるでしょう。

Chapter 4

実践篇1

まずは乳房の愛撫から

努力をしても報われない奴はいる。間違いなくいる。
ただ成功した奴は、必ず努力をしている。
——長州力

4-1

前戯は服を着たままスタートするのがルール

前戯のときにクリトリスや膣にしか触れないというのは、とても味気ないことだと思いませんか？　男性だってベッドインしていきなりペニスに触れられると、なんとなく気がそがれ、シラけてしまう人も多いでしょう。自分が性欲を感じ、すでに身体の準備が整っているからといって、いきなり性器に手を伸ばすのは、いかにも無粋ですよね。彼女から愛情を疑われても仕方がないかもしれません。

特に女性の場合、性器そのものよりも全身へのタッチで性的興奮のスイッチが入る傾向があります。裏を返せば、それは彼女があなたの全身に触れたがっているということでもあります。まずはお互いの身体にまんべんなく触れ合うことから始めてください。

気がはやって、どうしてもすぐに乳房や性器に触れたくなってしまうのなら、まずはお互い服を脱がずに触れ合うことから始めましょう。服の上だからといって、ここでもいき

→ AVの見すぎですね。女性にとって指を激しく出し入れされるのは苦痛そのものです。

なり性器に触れるのはNGです。最初は、服を着ている状態でも肌が見えている部分から愛撫します。耳たぶやうなじなど、感じる場所はたくさんありますよ。

続いて、ふたりとも服を脱いで下着だけになってみましょう。そうすると、直接肌に触れられる範囲はもっと増えますね。あらわになった彼女の太ももの内側やおへその周りが、無防備な状態であなたの愛撫を待っています。背中も、二の腕も、わきの下も、愛情をもって触れられれば性感帯になるのです。

このように進めていくと、乳房や性器に触れるのはおのずとあと回しになりますよね。ポイントは、大きな快感を得られる場所ほど、あとに回すこと。上手に焦《じ》らすほど、性器に触れたとき、そして挿入したときの快感は大きなものになります。たとえば彼女の身体は煮込み料理のようなもの、と考えてみるのはどうでしょう。とろ火でじっくり火にかけるほど、おいしく仕上がります。

この段階で〝性感帯〟にとらわれすぎる必要はありません。**「性感帯ではないから」「感度がにぶいから」いう理由で触れないのは、もったいないこと。髪の毛や爪など、神経がまったくないところだって、愛しいパートナーに触れられれば彼女は嬉しいものなのです。**男性にしても、彼女を好きという気持ちがあれば、自然にいろいろなところに触れたいと思うはず。そんな気持ちのおもむくままに愛撫していいのです。

指先でそっとなぞる、濡れた唇や舌を這《は》わせる、歯を立てる、ときにはアダルトグッズを使うなど、愛撫の仕方はいくらでもあります。どんなふうにアプローチしていくかは自由ですが、前戯の時間を充実させるために忘れてはいけないルールがひとつあります。それは、彼女の反応を見ることです。

乳房なり性器なり、愛撫するときに彼女の身体にむしゃぶりついてしまったことはありませんか？　パーツばかり見ていては、彼女が感じているかいないかを把握できるはずがありません。

では、どこを見ればいいのでしょう。そう、答えは、顔です。

愛情があふれるあまり彼女の身体に夢中になってしまうのも、とても素敵なことではありますが、あまりスマートではありませんね。頭のなかにちょっとした余裕や、冷静な部分も残しておいてください。そして彼女の顔、表情を観察するのです。そこからは、たくさんの情報が得られます。たとえば、頬がほんのり紅潮していたり、せつなげに眉間にしわを寄せていたり……女性一人ひとり特有の、感じているサインが必ずあるからです。さ

→ フェラチオはあくまでも愛情表現、彼女が「オエっ」となるまでする必要はありません。

らに余裕がれば、彼女の声色や息遣いの変化も気にしてみましょう。

まずはそうしたサインを見極められるようになり、**彼女がどうやらあまり感じていないようだと判断したなら、愛撫の仕方を変えたり、どうしてほしいのか彼女に直接尋ねてみたり、対策を考えましょう。**

こうして身体の至るところに触れた結果、彼女が快感に酔い始めたら、お待ちかね、下着を脱がせるタイミングが来たようです。乳房や性器など、彼女の敏感な部分への愛撫を始めましょう。

4-2 日本人女性の〝おっぱい〟事情

ふんわりとなだらかな曲線を描く〝乳房〟は女性らしさの象徴。顔をうずめたくなるような豊かな乳房も、スリムな身体に似合う控えめなサイズの乳房も、それぞれに魅力的で、思わずむしゃぶりついてしまう男性もいるようですが、ちょっと待って！　前述したとおり、乳房は女性にとってそれほど感じるパーツではないのです。

乳房はそもそも、母乳を作る器官。脂肪が9割、残りは乳腺《にゅうせん》というもので構成されています。乳腺を守るために周囲に脂肪がつくのです。

乳腺とは、女性が妊娠したあとに母乳を分泌するためのもので、ぷりっとして弾力がある乳房の人はこの密度が高く、マシュマロのようにふんわりとした触り心地の乳房は密度が低いといわれています。いずれにしろ、乳房に張りめぐらされた神経の数は、身体のほかの部分と比べると格段に少なく、それゆえ強く揉んでもワシづかみにしても、性感にはつながりにくいのです。

脂肪と乳腺の割合は、乳房の大きさが変わっても関係ありません。つまり乳房の大きさと感度にはなんの関連性もないのです。「おっぱいが大きいと感度がにぶい」という俗説がありますが、まったくもってバカバカしいことです。


舌で膣口を貫通するのはほぼ無理なうえ、Gスポットには到底届きませんよ。

4-3 〝おっぱい〟は乳房ではなく乳首を愛撫

そもそも神経が少ない乳房なのに、愛撫されると悦ぶ女性が多いのはなぜでしょう？理由はふたつあります。

ひとつめは、男性からの愛情を実感できるから。

心を込めて自分の身体を愛撫してくれていることがわかれば、心が満たされるものです。**女性のなかには身体よりも気持ちの充足を重視する人も多くいます。セックスの意味を、快楽よりも愛情表現のひとつと考える女性の方が多数派です。そうした女性たちは、感じないからといって乳房に触れない男性のことを、愛情が少ないと感じる傾向にあるので、積極的に愛撫してあげてください。**

もうひとつの理由は、乳首への愛撫を予感させるからです。神経が少なく感じにくい乳房とは対照的に、乳首は性的にとても敏感です。男性でも、彼女に乳首を舐められたり指でつまれたりすると気持ちよくなる人は多くいるので、その快感がどんなものかは比較的わかりやすいのではないでしょうか。

さらに、これは女性だけに限ったことですが、膣のオーガズムが全身に広がると、乳首が反応し、触れられていないにもかかわらず快感に震えることがあります。神経の少ない乳房よりも、この敏感な突起に触ってほしいというのが、女性の本音なのです。

やんわりと乳房を揉みながら乳首の先端をかすめたり、乳房の外側から徐々に乳首に近づくように愛撫したり……彼女の期待感をあおってみましょう。やみくもに乳房に触れられるだけだと彼女は退屈しかねませんが、上手に焦らされると、愛撫は格段に楽しく、官能的なものになります。

乳首に直接触れるのは、上半身愛撫のメインディッシュのようなもの。乳房を丹念に愛撫するというおいしい前菜を前にすると、そのぶんメインディッシュへの期待も高まります。次に紹介するテクニック5か条を参考に、彼女に〝オアズケ〟させるような気分で愛撫してみてください。彼女のほうから「ねえ、乳首に触って」とねだられるようになったら、成功です。

【乳房•乳首の愛撫　実践編】

乳房・乳首の愛撫テクニック5か条

1★　ぐるぐると乳首に近づく

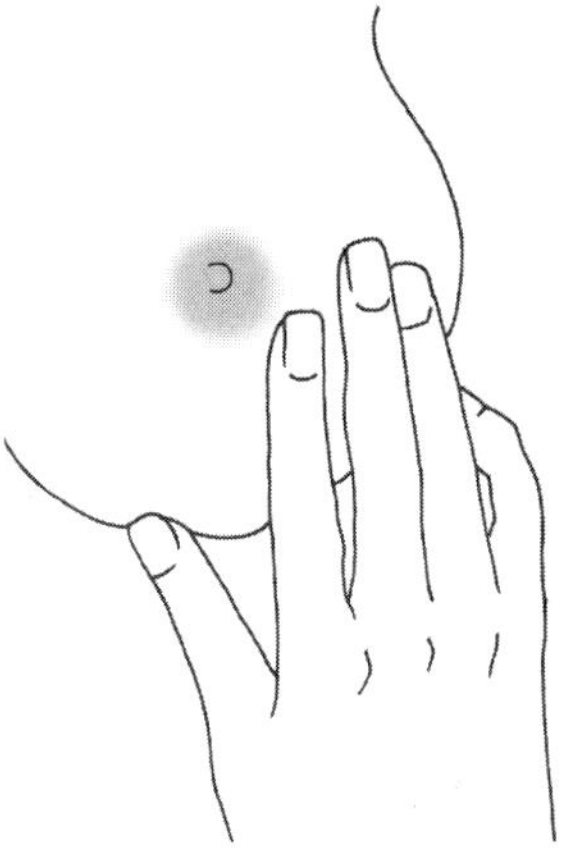

乳首を勃たせるには、乳輪の周りをなぞること。乳房の外側から螺旋（らせん）を描くようにして乳首に近づく。乳輪も同様にぐるぐると愛撫すると、彼女の期待感はますますアップ!

2★　指をチョキのようにして乳首を挟む

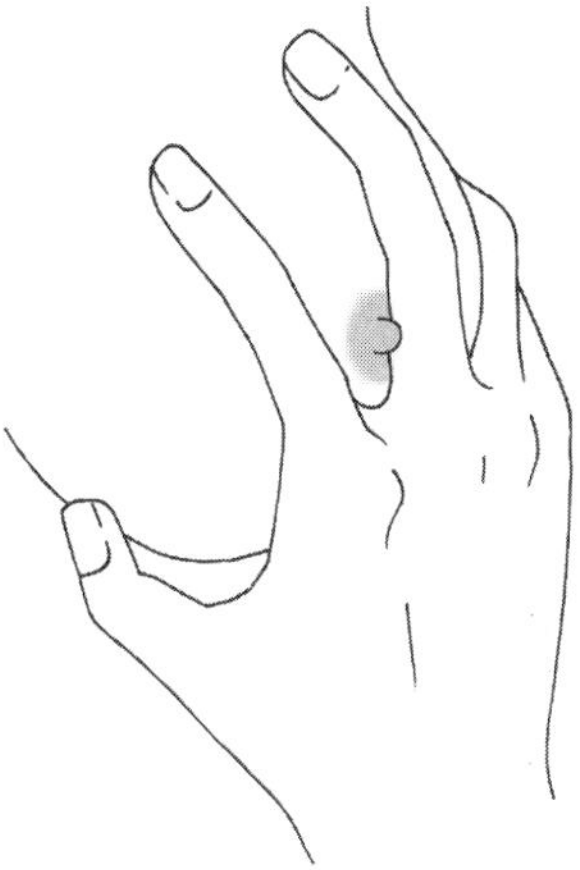

乳房を下から包み込むようにして揉みながら、たまに乳首をかすめるようにして触れる。人差し指と中指で挟むと、力が入りすぎず、ちょうどいい強さで愛撫できる。ワシづかみは痛がる女性が多いので絶対にNG。

3★　トップも側面もどちらも刺激する

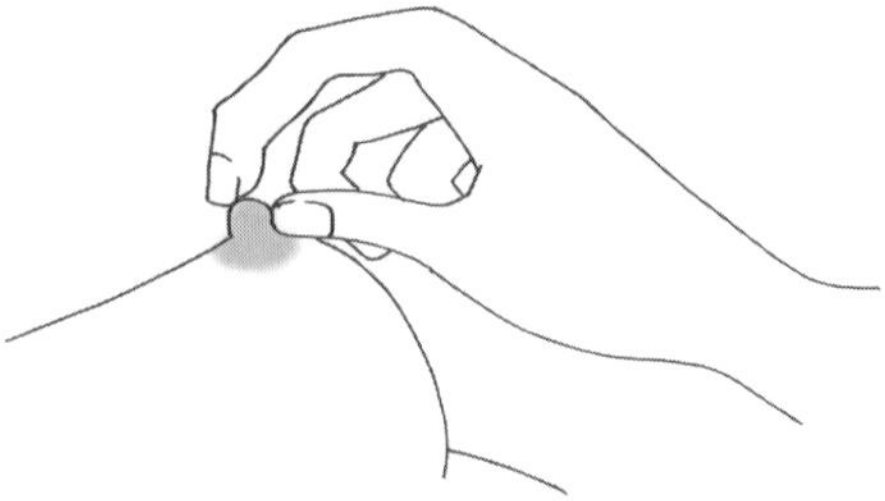

乳首が完全に勃起したら、中指と親指で側面をつまむ。この2本の指で乳首の側面を刺激しつつ、人差し指でトップを愛撫する。すべての面にバランスよく触れると効果的。

4★　息がもれないようにして吸う

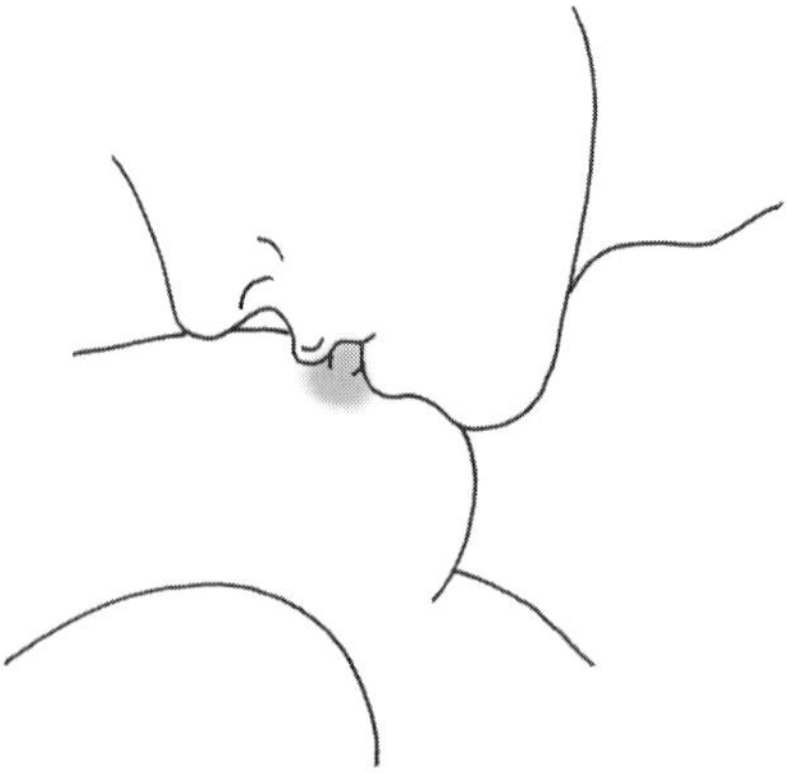

口で愛撫するときは、唇をとがらせて乳首を包むように当て、息がもれないようにしっかり吸う。唇を密着させたまま、舌先で乳首の先端をつつくようにしてもよい。噛むのもやめて。

5★ ペニスの先のカウパー腺液を利用

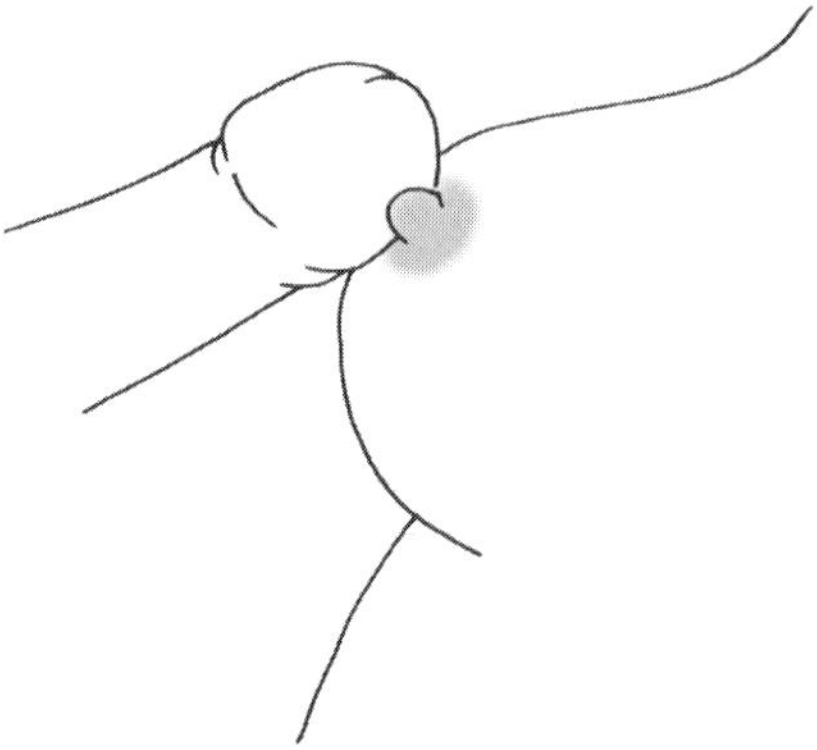

テクニック…ペニスの先で乳首を刺激されると興奮する女性もいる。カウパー腺液がちょうどよい潤滑液となるが、量が少ないときはローションを使ってもよい。

プラス
＋スゴ技

全身へのタッチと乳首愛撫で、彼女を夢中にさせる前戯5か条

1 胸やクリトリスはあと回し！
挿入後に感じるための助走をしっかりと。

2 常に冷静さを失わず、ハアハアしない男性こそが、前戯マスターです。

3 全身への愛撫は「愛おしむ」が鍵。チュッと優しくついばみましょう。

4 乳首の愛撫はメインディッシュ。果物をつまむときのようにやさし〜く！

5 乳首を舐めるときの極意は、唇で包む。わざとらしい音を立てないこと。強く噛むのもＮＧ！

Chapter 5

実践篇 2

クリトリスはソフトタッチがお好き

本当の優しさとは、相手を理解し、
相手の心情を思いやる想像力を持つことです。
—— 瀬戸内寂聴

5-1

小さくてかわいいクリトリスで女性が気持ちよくなる仕組み

「真珠」や「植物の芽」、または「豆粒」「花の花芯」に古今東西の文学でたとえられるとおり、クリトリスは小さくてかわいらしい器官です。その形状だけでなく、指や舌でそっと触れただけで敏感に反応し、ぷくっと膨らむ様子もいたいけで、愛着を覚える男性も多いのではないでしょうか。

クリトリスは男性でいえばペニスに当たる器官ですから、長さや太さといったサイズには、個人差があります。長さや太さは人によってまったく異なるため、彼女の小さな分身のように思っている男性もいるかもしれませんね。

日本人女性のクリトリスの長さは、3～4㎝、直径は0・5～0・7㎝が平均といわれています。一方でアメリカ人女性は、長さが平均1・6㎝、直径は0・3～0・4㎝という報告がありますが、計測時の条件や方法に差があるようで、あまり比較の対象にはなりません。

挿入の最初の段階では正常位をおすすめしますが、見た目の「ワイルドさ」と「イキやすさ」は比例しません。

とはいえ、私たちが目で確認できるのは、クリトリスのほんの一部。先ほども申し上げたように氷山の一角といってもいいかもしれません。クリトリスの全体像は、実はとても大きな器官なのです。

P38の図をもう一度ご覧ください。真珠のようにちょこんと見えている部分を、〝亀頭〟といいます。男性のペニスに倣っての呼び名ですが、性的に敏感で感じやすいという共通点もあります。ふだんは包皮で守られていますが、感じ始めると姿を現します。

この亀頭から、2本の脚のような筋肉が伸びています。これは驚くほど長く、小陰唇の裏を這って膣を包みこんでいるのです。

あなたの指や舌でクリトリスを刺激すると、亀頭は快感で膨らみます。ペニス同様、この現象を〝勃起〟といいますが、亀頭の勃起と連動して、この2本の脚も勃起し、さらに小陰唇までふっくらと充血していきます。これによって膣が圧迫され、刺激を受けるのです。

クリトリスが気持ちよくなると膣まで感じるのは、こうした仕組みによるものです。ペニスを挿入した状態でこの現象が起きると、ちょうどペニスが膣の奥でぎゅっとつかまれたような状態になるため、あなたも彼女と一緒に気持ちよくなれますよ。

また、男性にはわかりにくい感覚かもしれませんが、女性はセックスのあとにトイレに行ったとき、おしっこがなかなか出なくて困ったという思いをすることがあります。この原因は、実はクリトリスにあるのです。

おしっこが出てくる尿道は、クリトリスと膣のちょうど中間に位置しています。クリトリスが感じているときには目に見えている亀頭も、奥深く隠れている2本の脚も大きく膨らみ、これによって尿道が圧迫されることになります。尿意を感じているのにおしっこが出ないのは困りますが、考え方を変えるとこの現象は、彼女がクリトリスでたくさん感じたという証拠のようなものかもしれませんね。

● 敏感な場所はふたりでリサーチ！

クリトリスが性的にきわめて敏感であることは、先にご説明したとおり。ここだけの愛撫でオーガズムを得られる女性も多いため、まずは前戯のときにたっぷりと愛してあげたいものです。

全身へのタッチと乳房への愛撫に続いて、あなたの指がクリトリスに触れると、性器からの強い刺激に彼女の身体はますます興奮し、気持ちも高まります。それにともなって大

後背位は不安定になりがちです。ピストン運動を無駄にしないためには、体がグラつかない体勢がベター。

陰唇や小陰唇といった性器全体が充血し、ぽてっと肉厚になります。膣口からにじみ出るラブジュースの量も増えてくることでしょう。

これは、感じているときのペニスの反応と、よく似ていますね。実際、クリトリスの反応は、男性のペニスが性的反応をするときと同じ神経系、反射経路をたどって起こるといわれています。ただ、ペニスと違ってふだんは包皮のなかで守られているので、クリトリスは男性が思っているよりも、ずっとデリケートな器官。愛撫のときは、できる限りソフトに触れるのがルールです。

守ってほしいルールはもうひとつあります。彼女自身に感じるポイントを教えてもらうことです。これは**クリトリスに限ったことではありませんが、彼女にオーガズムの悦びを味わわせたいと思うなら、彼女本人に感じるポイントを教えてもらうのが最も早く、確実な方法です。**

ただし、経験が少ない女性やシャイな女性にとって、どのように愛撫してほしいのかを言葉にしてリクエストするのは、とても難しいこと。そんな場合は、彼女自身の指でクリトリスに触れてもらい、あなたはその様子を観察するといいでしょう。

彼女にマスターベーションの習慣がなくても心配する必要はありません。ふたりで感じ

るポイントを探せばいいのです。上のイラストのように、あなたが彼女を後ろから抱きかかえるようにして、彼女に太ももを少しだけ開いてもらいます。あなたに包まれているような体勢は、彼女に安心感を与えます。それでいて顔を合わせることはないので、彼女の羞恥心も和らぎますが、もしも「恥ずかしすぎて無理」と言われたら、素直にあきらめましょう。

　始める前は彼女の肩ごしにのぞきこんでも、大陰唇が見えるくらいで、小陰唇もクリトリスもまだ割れ目の奥に隠れたままです。まずは彼女自身の指で感じるところを探ってもらい、反応があった場所をあなたが触れておさらいします。

→ 一緒に“イク”ことにこだわるのをやめましょう。座位はそもそもオーガズムに達しにくいもの。抱き合って見つめあうコミュニケーション体位ですね。

続けていくうちに、最初は閉じていた太ももから力が抜け、自然に脚が開いていきます。これは、彼女が本格的に感じ始めたというサインです。さらに骨盤を突き上げるような姿勢になり、次第に性器全体を上に向け始めます。こうなると、あなたからも勃起したクリトリスや、充血した陰唇が見えやすくなります。**あとは彼女が自分の指でオーガズムまで達するのを待ってもいいですし、あなたがあとを引き受け、発見したばかりの彼女の敏感なポイントを愛撫しても、もちろんOKです。**

オーガズムは学習によって得られるものだと前述しましたが、これはクリトリスでのオーガズムにも当てはまります。経験の少ない女性がこのような練習を一度や二度したからといって、なかなか身体で覚え込むまでにはいきません。さらに、女性器はもともと繊細な器官で、そのときの環境や体調、気持ち次第で、感じる場所や感じ方がわずかに異なります。1カ月でも3カ月でも時間をかけて、焦らずゆっくり、快感のポイントをふたりで探してください。

●彼女が嫌がっているサインを見逃さないで!

とてもデリケートなクリトリスは、取り扱い注意です。触れるときの力の加減を間違ったり、歯を立てたりすれば、痛みを感じます。気持ちよくなっていることも、痛いと思っていることも、率直に伝えあうのが理想ですが、彼女がシャイだったり、あなたに遠慮していたりして、どちらも口に出しにくい様子なら、あなたがその反応からサインをキャッチして、感じているか、感じていないかを判断してあげましょう。

彼女があなたの手に性器全体を押しつけるようにしてきたら、いよいよ感じて、気持ちよくなっているという証拠。逆に、**あなたが触れているところから逃げようとするように腰を引く場合は、刺激が強すぎて痛がっているか、もうやめてほしいということです。**

指でクリトリスに触れるときは、空いているほうの腕で彼女の身体を軽く抱きしめましょう。そうすれば彼女が快感に身をよじらせるのも、痛くて腰を引くのもよくわかります。

クリトリスは感じると充血し、勃起しますが、なかにはそれほど大きく膨らまない女性もいます。勃起の度合いは、快感のバロメーターにはならないことを覚えておいてください。

【クリトリスの愛撫　実践編〈フィンガーテク〉】

クリトリスの愛撫フィンガーテク5か条

＊手は石鹸でしっかり洗いましたか?

フィンガーテク1

体をできるだけ密着させ、まずは下着の上からスタート

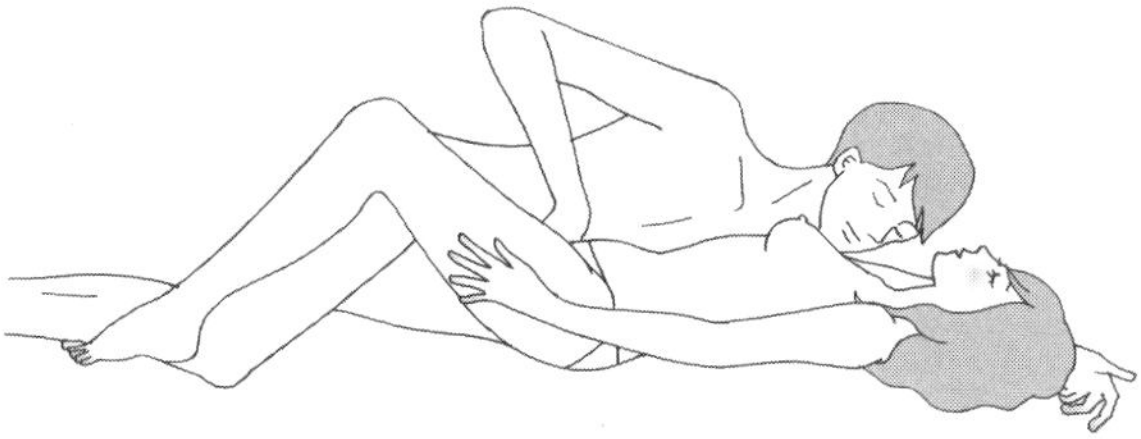

女性は全身のスキンシップによって性感が高まりやすいため、身体を密着させて愛撫する。彼女の恥骨にやさしく手首をのせれば、愛撫が長く続いても手がだるくならない。

フィンガーテク2

直接触るときは、さらにソフトなタッチで、変化をつけながらタッチ

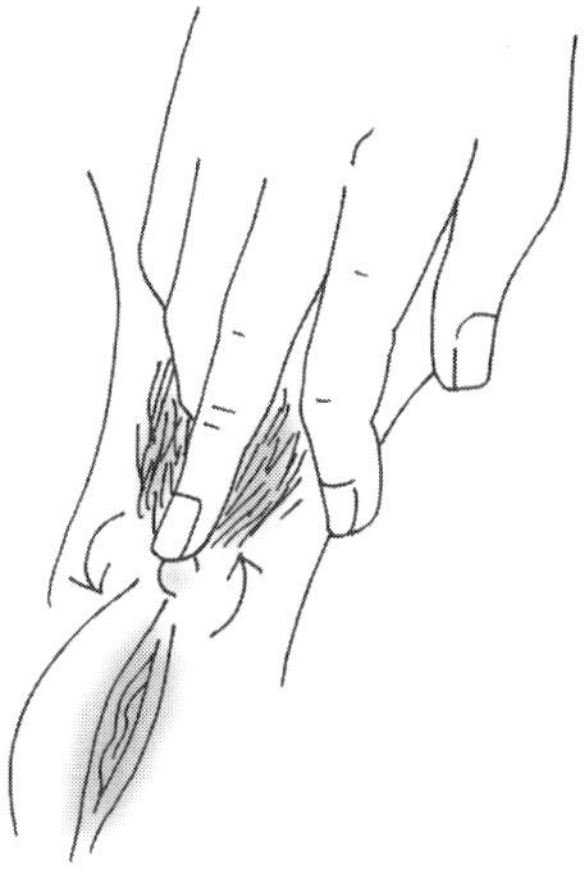

クリトリスを上下にさするだけでなく、ときには円を描くようにすると、変化が楽しめる。つまんでしごくような強い刺激を織り交ぜてもよいが、彼女が痛がるようならすぐにやめること。

フィンガーテク3

愛液を指ですくい取るようにしてクリトリスにつけてタッチ

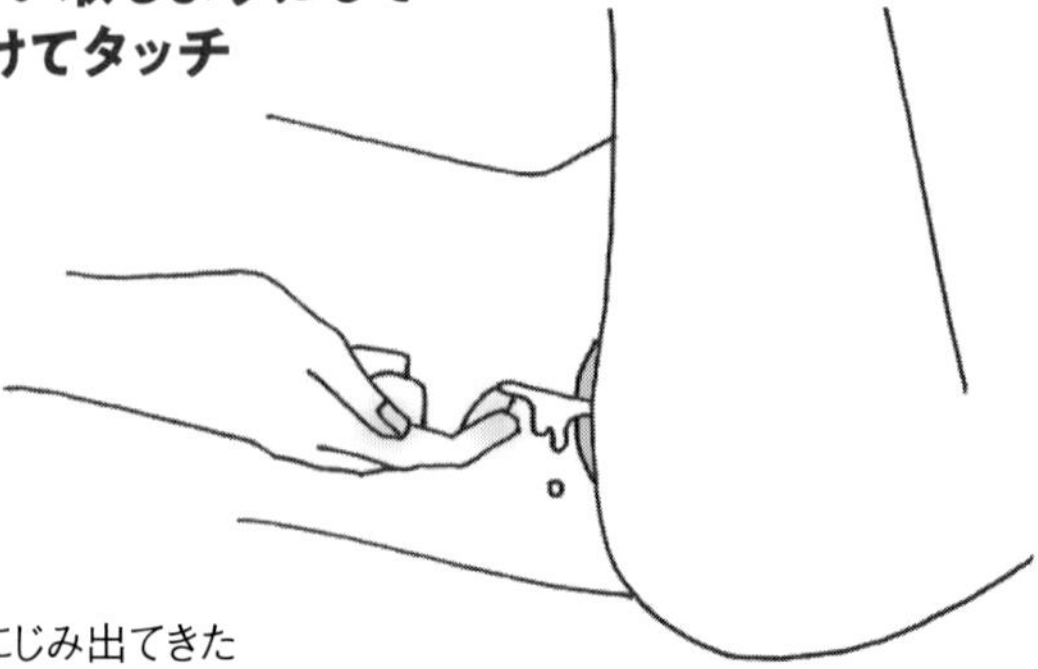

膣からラブジュースがにじみ出てきたら、浅く指を差し入れてすくい取る。これを潤滑液としてクリトリスになすりつければ、摩擦が滑らかになるため、指の動きを多少早くしてもよい。

フィンガーテク4

テンポを変えずに淡々と愛撫

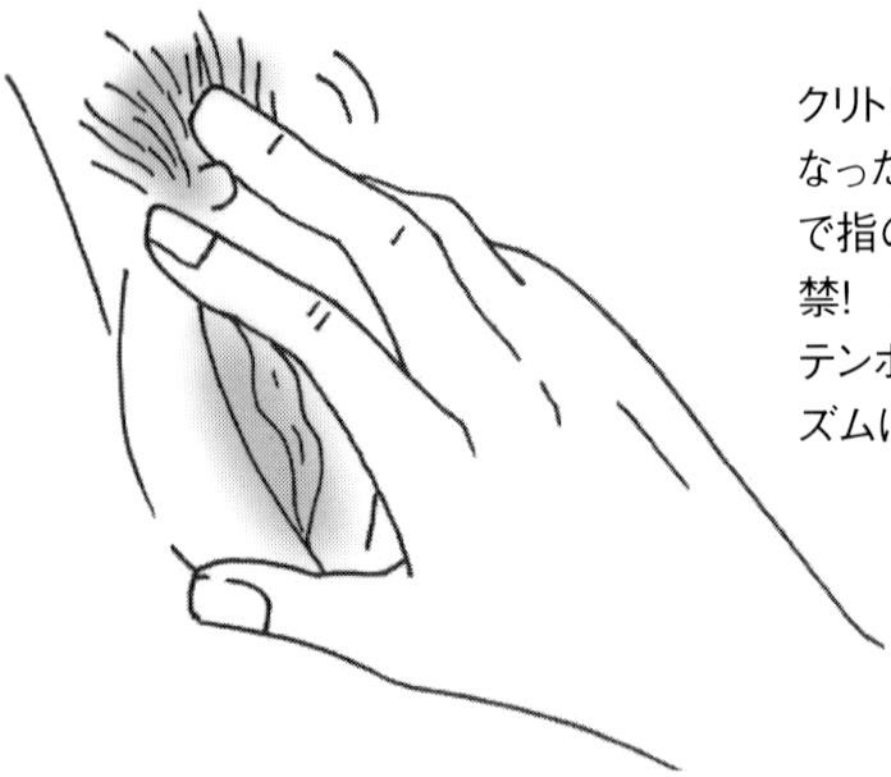

クリトリスがヒクヒクと脈打つようになったら、オーガズムが近い。ここで指の動きをより激しくするのは厳禁!　そのヒクヒクとした動きと同じテンポで愛撫すると、確実にオーガズムに導ける。

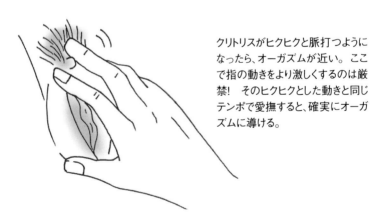

フィンガーテク5

クリトリスと膣の両方を刺激

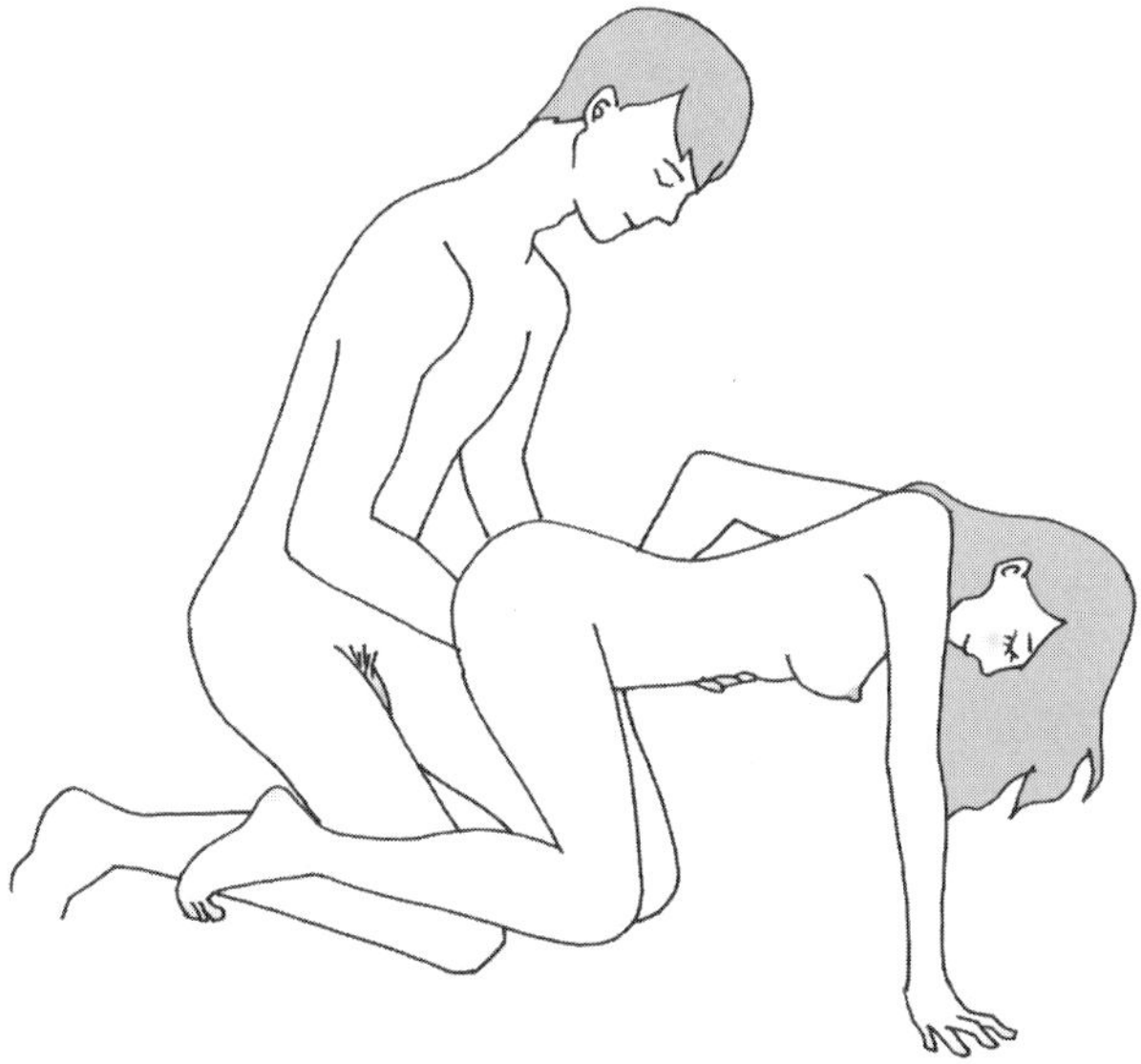

マンネリを感じたら、バックスタイルに挑戦！　クリトリスを刺激しながら親指を膣に入れるという複合テクニックも可能。

【クリトリスの愛撫　実践編〈オーラルテク〉】

クリトリスの愛撫オーラルテク5か条

＊歯磨き、マウスウオッシュは済ませましたか？

オーラルテク1

女性は脚をM字に開き、男性は正面から向き合う

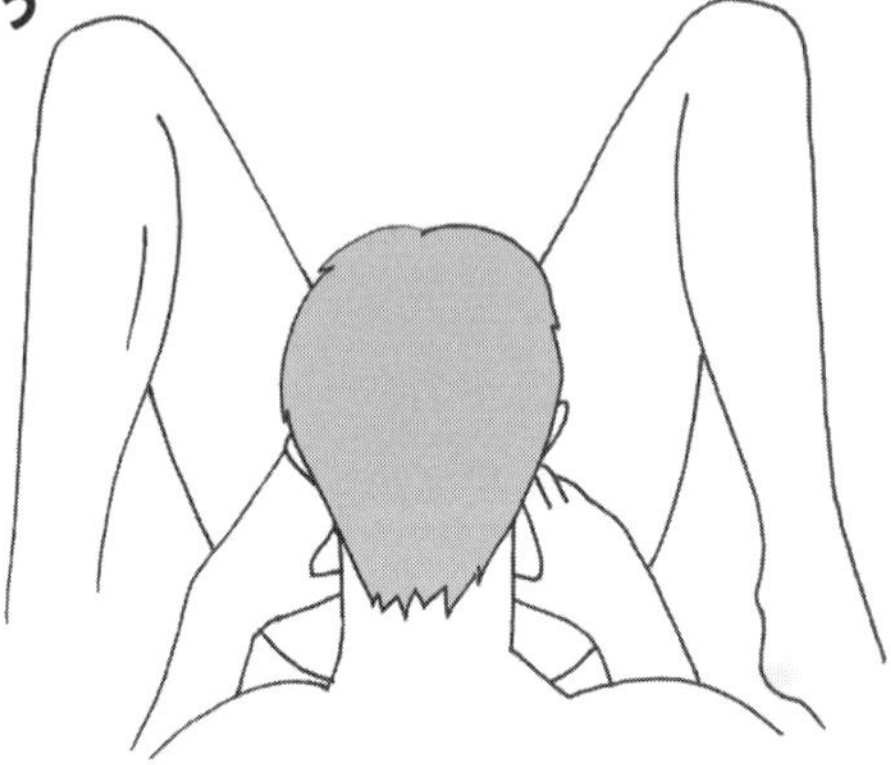

M字に足を開いた女性の脚と脚の間に男性は顔を置き、小陰唇を両手で開いでクリトリスと向き合う。唾液が垂れることもあるので、彼女のお尻の下にタオルなどを敷くとよい。

オーラルテク2

舌の先をこまめに唾液で濡らす

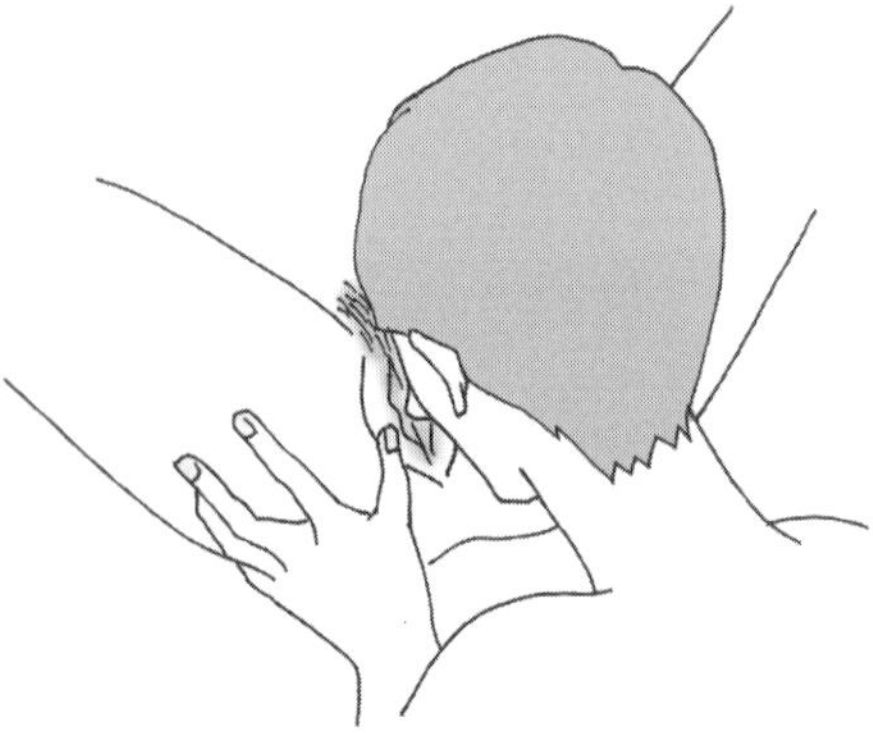

もっとも重要なのは、舌の先をこまめに唾液で湿らせること。口内に唾液が溜まっても飲み込まないようにする。この唾液が愛撫の最中に少しずつ舌をつたい、彼女のクリトリスを潤す。

オーラルテク3

やさしくタッチするときは舌先を丸く

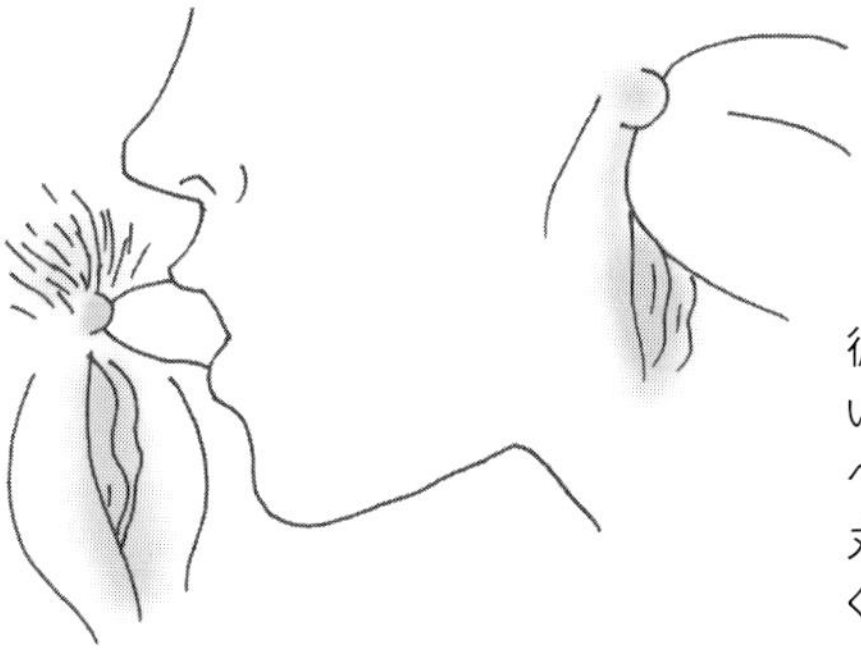

彼女の性器があまり潤っていないときや、クリトリスを下から上へ舐めあげるときは、舌の先を丸くやわらかくした状態でやさしく愛撫する。

オーラルテク4

女性が激しさを求めたら、舌を尖らせる

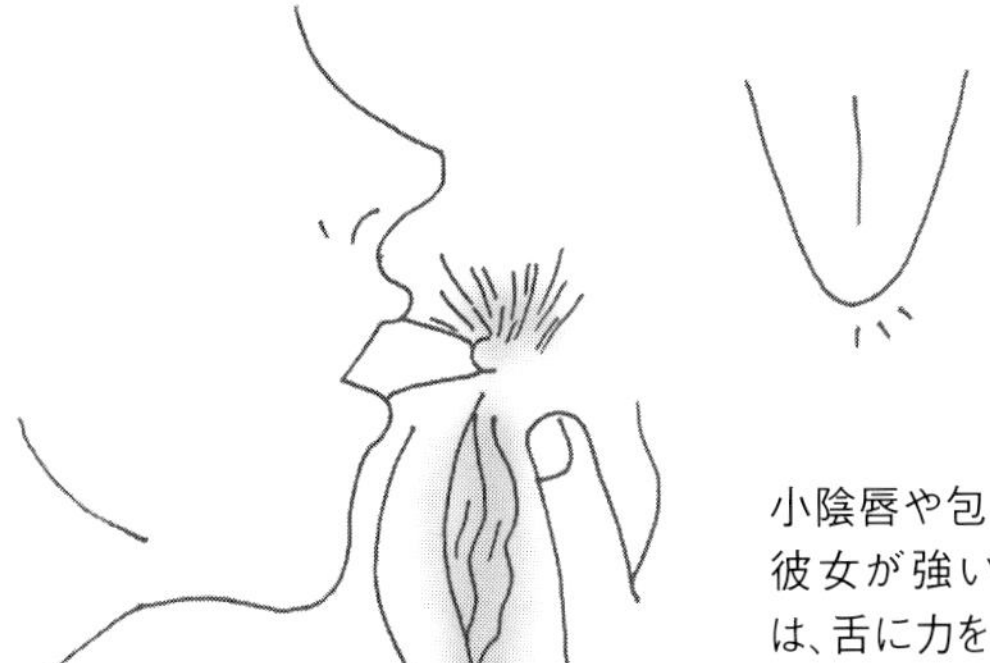

小陰唇や包皮を愛撫するときや、彼女が強い刺激を求めるときには、舌に力を入れてとがらせる。正面からだけでなく側面からも舐めあげるようにして変化をつける。

オーラルテク5

マンネリを感じたら、ときにはバックから大胆に

バックの姿勢から、幅広の状態にした舌で、会陰や大陰唇を豪快に舐めるのもよい。小陰唇と大陰唇の境目をなぞるように舌を這わせると感じる女性も少なくない。

＋《ブラス》スゴ技

目指すはオーガズム！ クリトリスを愛撫するときの5か条

1 神秘に満ちたクリトリス。正体を知ることから、攻略が始まります。

2 クリトリス愛撫はスタートが肝心。包皮をむくときは慎重すぎるほど丁寧に。

3 クリトリスは潤いが大好き。彼女を焦らして、愛液を利用する。

4 愛撫の仕上げは指で！ どれだけソフトにタッチできるかが鍵。

5 クンニリングスは、ゆったりとした気持ちで、一点集中！

5-2 女性によるマスターベーションの実情

「マスターベーションしたことがありますか？」

とある調査でこう問いかけたところ、男性は「はい」と答えた人が大多数を占めているのに対して、女性は経験者が最も多い30代でも、全体の約半数程度でした。

各年代を合わせても半数近くの女性は、マスターベーションをしたことがないと答えています。特に経験者が少ないのは、10代です。**男性の大多数が初体験以前にマスターベーションを経験するのに対して、女性はセックスで性的快感を知ってから初めてマスターベーションを覚える傾向にあることが、この数字からもよくわかります。**

また、マスターベーションを行う頻度を、20～40代の男女別に調査したところ、「週1回」～「ほぼ毎日」と答えた人が男性では全体の3分の2を占めたのに対し、女性では男性の3分の1程度でした。女性で最も多かった回答が「年数回程度」であることからも、

そうかもしれませんが、女性によっては非常にオーガズムを得にくい体位です。
彼女のクリトリスを優しく触るなど、できることはたくさんあります。

過去1年間、どのくらいの頻度でマスターベーションをしましたか?

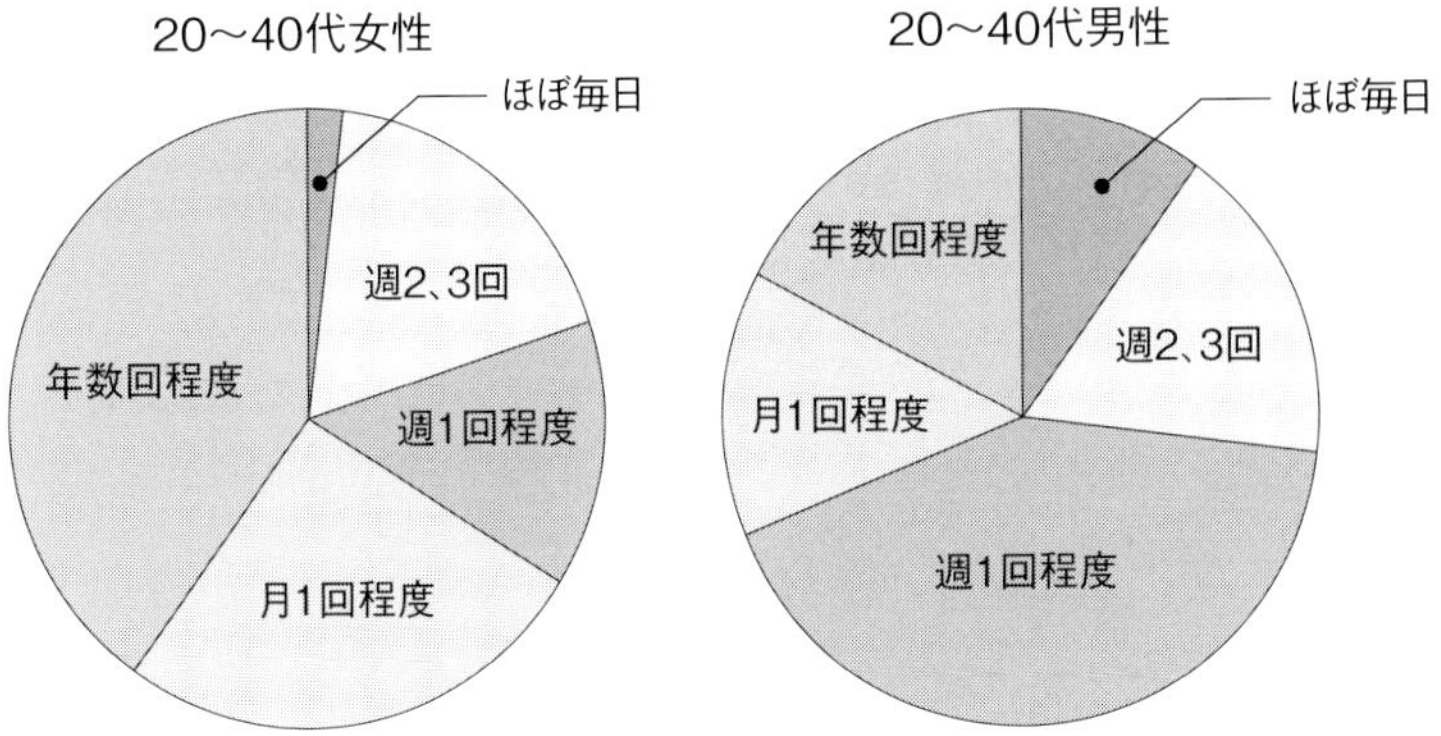

これまでにマスターベーションをしたことがありますか?

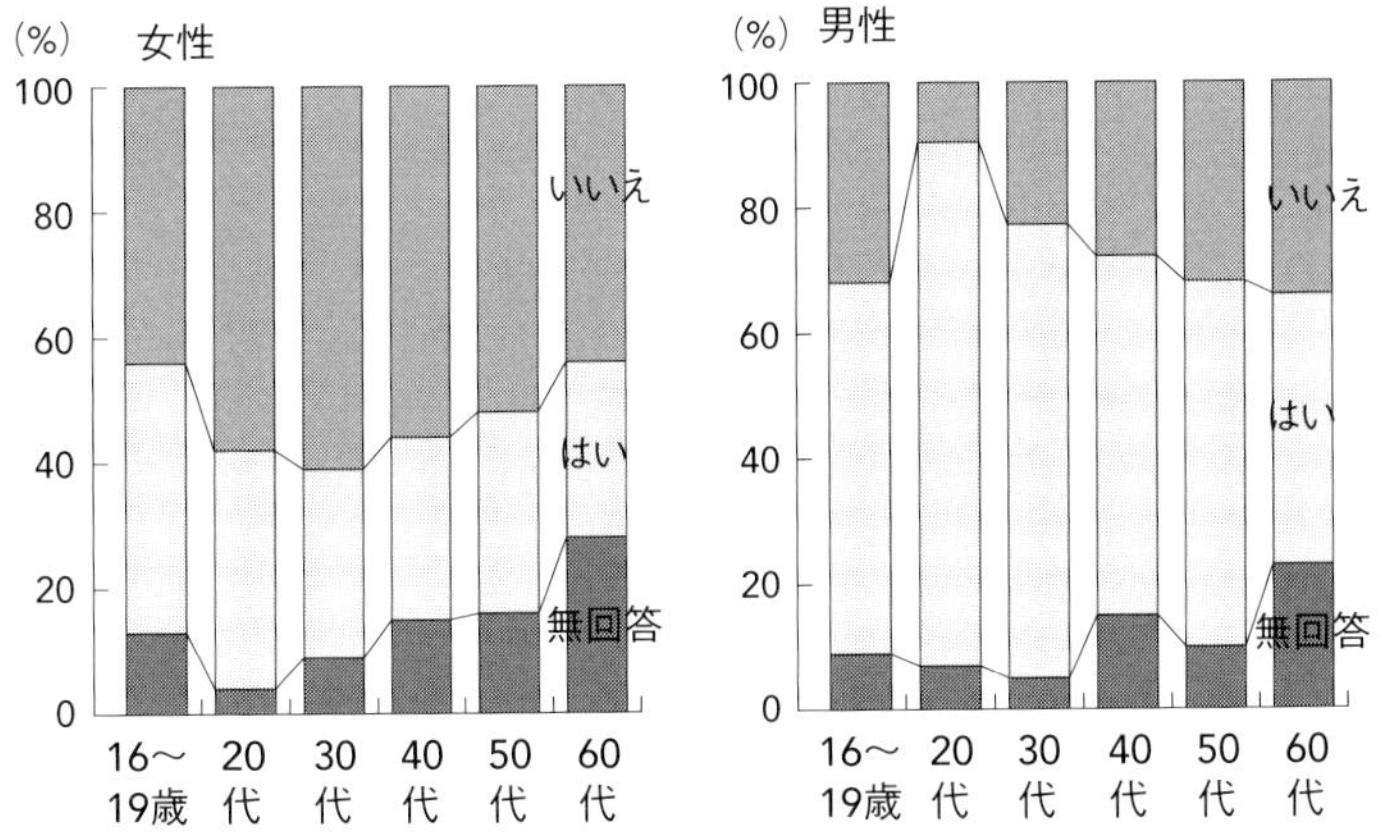

日常的にマスターベーションを行う習慣がある女性はとても少ないという実情が浮かび上がってきます。もしくは、嘘の回答をしているか……。

このような結果の背景には、女性が性欲を持つこと、それを解消するためにマスターベーションを行うこと自体を〝いけないこと〟と感じ、後ろめたく思う風潮があります。子どもの頃、「あそこを触っちゃダメ」と親から厳しく言われた女性も多いでしょう。21世紀に入って20年も経っているというのに、未だこうした考えが根強いのはとても残念なことです。

産婦人科医としては、「女性もどんどんマスターベーションしてください！」と声を大にして言いたい気持ちです。自分で自分自身を気持ちよくすることの何が悪いのでしょう？　メリットはたくさんありますが、デメリットはないのです。

最大のメリットは、自分が感じる場所を把握できるということ。羞恥心を感じることも、彼氏にリクエストするという手間をかけることもなく、女性がただ自分の快感だけに没頭できる機会は、マスターベーションをおいてほかにありません。

さらに、女性は学習を繰り返さなければオーガズムが身につかないため、自分の好きな方法で絶頂感を身体に覚え込ませれば、恋人とのセックスでもオーガズムに達しやすくな

→ 女性ホルモンはセックスの頻度や気分の高揚、サプリの摂取などで左右されません。ネットの記事を鵜呑みにしないで。

ります。実は10代からマスターベーションをしていた女性のほうが、そうでない人よりも「オーガズム障害」が少ないという発表もあります。

マスターベーションをする理由について調査した結果を次ページの図で見てみましょう。「性的な快楽のため、性欲を鎮めるため」にマスターベーションをすると答えた女性は、男性同様、多数にのぼります。それに次いで女性側の回答で目立ったものは、「リラックスするため、眠れるように」というものでした。

オーガズムを得たあとには、入眠作用があります。深く安らかな眠りをもたらしてくれるのです。また、オーガズム期の興奮が鎮まったあとの消退期には幸福感で心身が満たされ、リラックスします。つまり、「リラックスや安眠を得るためマスターベーションをする」と回答した女性たちは、オーガズムをともなうマスターベーションをしていると見て間違いないでしょう。不眠で悩んでいる人は、ぜひ試してみてください。お酒を飲むよりずっと健康的ですよ。

恋人とのセックスライフが充実し、心身の健康にもよい影響をもたらすマスターベーション。これを実践することを、ためらう理由は何ひとつないと思いませんか？

自分が気持ちよければいいので、マスターベーションをする頻度や方法に特別な決まり

あなたがマスターベーションをしたのはなぜですか？

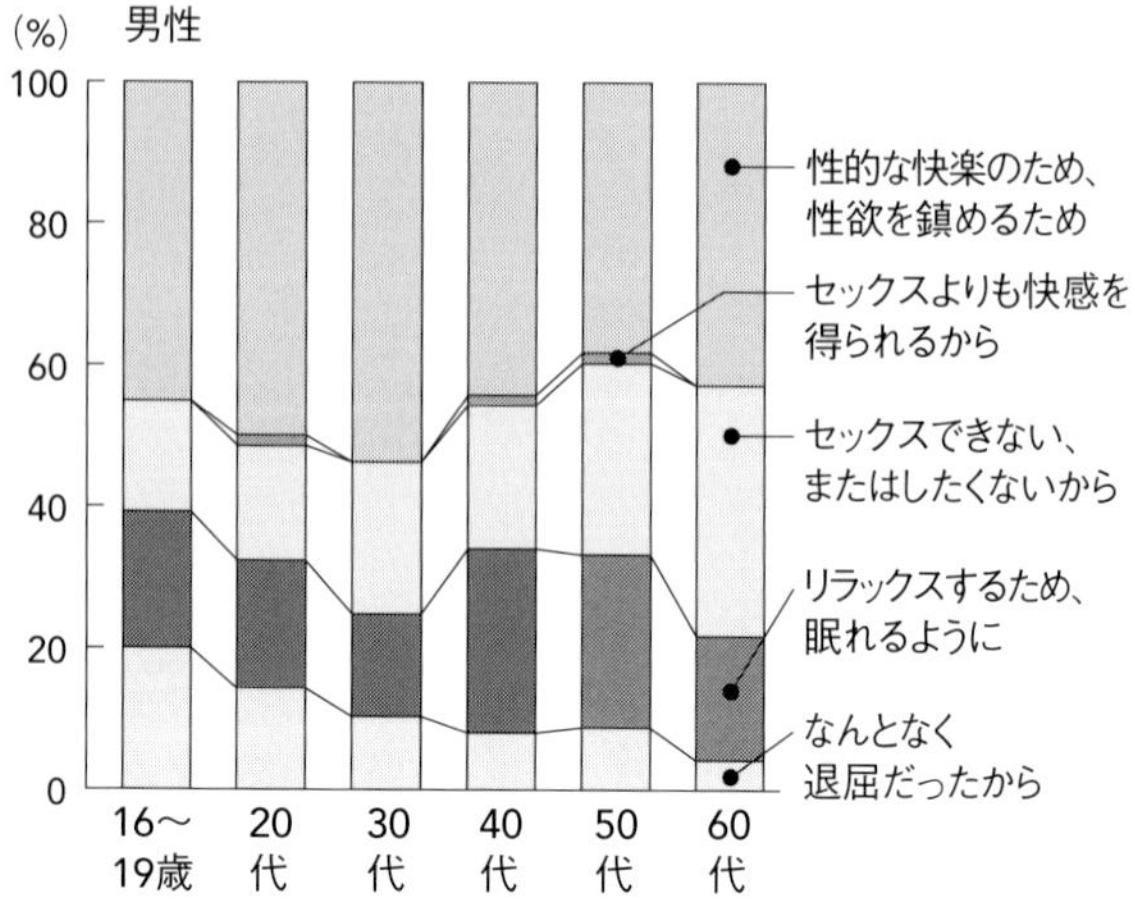

(%)
男性
100
80
60
40
20
0
16〜19歳
20代
30代
40代
50代
60代
性的な快楽のため、性欲を鎮めるため
セックスよりも快感を得られるから
セックスできない、またはしたくないから
リラックスするため、眠れるように
なんとなく退屈だったから

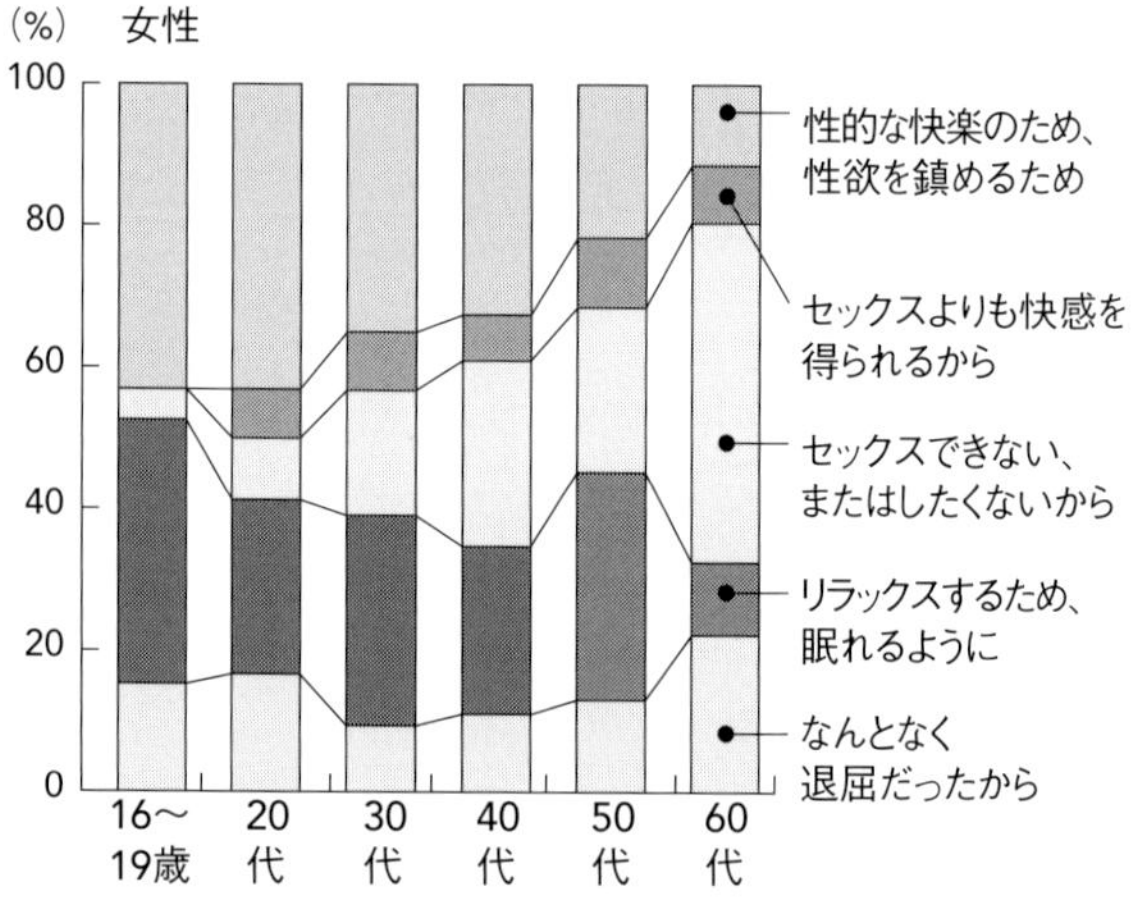

(%)
女性
100
80
60
40
20
0
16〜19歳
20代
30代
40代
50代
60代
性的な快楽のため、性欲を鎮めるため
セックスよりも快感を得られるから
セックスできない、またはしたくないから
リラックスするため、眠れるように
なんとなく退屈だったから

はありません。エロティックな気分になったら、リラックスできる雰囲気のなかで行ってください。

クリトリスの刺激だけで絶頂感を得られる人もいますし、膣のなかの快感を楽しむ人もいます。指だけで刺激するのか、ローターやバイブレーターのようなアダルトグッズを使うのか、または電動歯ブラシなど身近な道具を使うのか、それぞれの女性の自由です。

ただし、いずれの場合も清潔な状態を保つことは忘れないでください。

Chapter 6

実践篇3

膣はシンプル&丁寧に愛撫

考えなさい。
調査し、探究し、問いかけ、熟考するのです。
——ウォルト・ディズニー

6-1 男性の夢!?〝名器〟は実際に存在するのか?

男性にとって「膣」というのは、ミステリアスな場所のようですね。指などで触れてみても構造がいまひとつよくわからない、おまけに女性が快感の真っただなかにいるときは刻々と形が変わるので、なんだか実態がつかめない……。多くの男性が持ついわゆる〝名器〟への憧れも、おそらくはこうした神秘的なイメージから生まれたものでしょう。医学的に名器の定義というのは特になく、男性を悦ばせる構造をした膣のことをまとめてそう呼びます。膣壁に細かいヒダがうねうねとはっている〝ミミズ千匹〟、膣全体につぶつぶとした、細かい突起のようなものがある〝カズノコ天井〟などがその代表とされています。非常に珍しいモノとされ、まるで都市伝説のように語り継がれていますが、何を隠そう、**産婦人科医である私は正真正銘の「名器」に出会ったことがあるのです。**

それは内診のために、ある女性患者の膣内に指を挿入したときでした。通常だと膣壁に

メディアが作り出したイメージですね。さまざまなホルモンのバランスが取れていることこそ大切です。ホルモンでキレイになるは、都市伝説。

はぼこぼことした凹凸があるはずなのに、この女性の場合は……びっくり！ 細かい粒状のヒダが膣壁を覆い、ざらざらとした感触が医療用のゴム手袋を通してもはっきりと伝わってくるのです。ウワサに聞く〝カズノコ天井〟そのものでした。

こうした経験は、私がこれまで何万人という女性の膣を見てきたなかで、たった一度だけです。まさに、万にひとつ。名器とは、それだけ希有な存在ということでしょう。

ただし、**名器だからといって、そこに挿入した男性のペニスが必ず気持ちよくなるとは限りません。**むしろ、膣の筋肉が熱いヒダのようになってペニスにからみつき、まるで精液をしぼり取るようにうごめくほうが、男性にとっては魅力的です。俗にいう〝締まりのよい〟膣です。

女性が感じてくると膣は充血して、入口側3分の1がぽってりと膨らみます。これが〝締まる〟という現象です。彼女が感じれば感じるほど膣は締まりますが、これには骨盤底筋という筋肉が大きく関係しています。そして個人差はあるものの、この筋肉は、腕や足の筋肉同様、鍛えることができます。124ページから紹介しているキーゲル体操を毎日繰り返せば、真の〝名器〟になることも夢ではありません。

6-2

女性が感じる部分を愛撫するには指1本でOK!

きき手の中指1本、これさえあれば膣内で彼女が感じる部分をすべて愛撫できます。

挿入する指の数が多いほど女性が悦ぶという考えは、間違い! 同じく指をペニスのように激しく出し入れするのも、アダルト作品に影響を受けすぎた的外れな行為でしかありません。というのも、膣内で快感を覚える場所はGスポットとポルチオの2カ所のみ。それ以外の場所に刺激を与えようとするのは、はっきりいって無駄な行為です。彼女が痛い思いをする可能性も十分にあります。

Gスポットは膣口から入って4~5㎝ほどの、お腹側に位置しています。直径1㎝ほどのごく狭いエリアなので、中指が1本あれば確実に愛撫できますし、激しいピストン運動はまったくもって不要です。ペニスを挿入したときであれば、ピストン運動するたびにあなたのカリがGスポットを擦りあげ、彼女だけでなくあなたも快感に酔うことができます

過度なストレスや不規則な生活、寝不足や偏食、急激な体重の変化や加齢などで崩れてしまいます。

が、指はペニスのように引っかかりがないため、出し入れしてもそれほど意味はないのです。一度Gスポットに狙いを定めたら、指の腹をじわりと押しつけるようにして刺激するのが正解です。

一方のポルチオは、先ほども述べた通り膣のいちばん奥、子宮の入口にあります。日本の成人女性の膣の長さは平均8㎝前後といわれていますから、ここでも男性の中指が届かないという心配はありません。

まず膣に指を挿し入れ、Gスポットを通過し、さらに奥へと進むと、やがてコリコリとしたものに行き当たることがあります。これがポルチオですが、彼女がすっかり濡れて感じているとしても、最初に触れるときはできるだけ慎重に、ソフトにしてください。ポルチオは痛みを感じやすい、デリケートな器官なのです。まして高速ピストンなんて厳禁！　女性にとっては苦痛でしかありません。女性の身体はいったん痛みを感じると、オーガズムから遠ざかってしまいます。指の先端や腹でほぐすようにして、やさしく、やさしく愛撫してください。

膣を舌で愛撫したいという男性もいるかもしれませんが、残念ながら、効果はほとんど期待できません。膣内に入り込んだとしても、膣口から2、3㎝のところを刺激するのがせいぜいで、ポルチオはおろかGスポットにも届きません。膣内の愛撫は指1本、彼女が物足りないというなら、これに人差し指をプラスした2本までが上限ということを覚えておいてください。

6-3
〝潮吹き〟を期待しすぎると、女性は苦痛を感じます

恋人に膣内を愛撫されているときに、おしっこがしたくなるという女性がいますが、これは特に珍しいことではありません。むしろ自然な現象といってもいいでしょう。

Gスポットの真上には尿道があり、男性の指でここを押されることによって、女性は尿意を覚えるのです。尿意と快感は紙一重。彼女がよっぽど不快に感じているようでなければ、そのまま指での愛撫を続けてかまいません。もしかすると、やがて彼女の尿道から、透明な液体があふれ出してくるかもしれません。これがいわゆる〝潮を吹く〟という現象です。吹かない人ももちろんいます。

女性が男性と同じように社会で活躍するから女性ホルモンが減る、という考え方はひどくナンセンスです。昭和のギャグかも？

〝潮〟の正体はまだ医学的に解明されていません。無色透明で、アンモニア臭もありませんが、おそらくは尿の一種だろうといわれています。水鉄砲のようにビュッと勢いよく噴き出す人もいれば、じわっとにじむようにして出てくる人もいて、さまざまなパターンが報告されています。量も個人差が大きいようで、シーツに水たまりができたという話も耳にします。吹かない人ももちろんいます。

潮を吹かせるためには、男性が思っている以上に強い刺激が必要です。しかし、彼女に潮を吹かせようと男性が力を入れてGスポットを擦ると、大多数の女性は快感より先に痛みや不快感を覚えてしまいます。これは、女性の身体を傷つける可能性もある、たいへん危険な行為です。**潮を吹くかどうかは元々の体質によるところが大きいので、無理は禁物。**彼女が痛がらない範囲で試してみて、潮を吹く気配がなければ、あきらめてください。

しかも、女性にとって潮吹きがそもそも気持ちいいものなのかというと、どうやら断定できないようです。快感の頂点であるオーガズムとはまったく別の感覚だという報告もあります。**潮を吹きながら快感におぼれる女性は、アダルト作品のなかだけで成立する、いわばファンタジーのようなものだと考えたほうがよいでしょう。**

【膣の愛撫 実践編】

クリトリスの愛撫オーラルテク5か条

膣の愛撫テク1

女性がリラックスできるポーズで

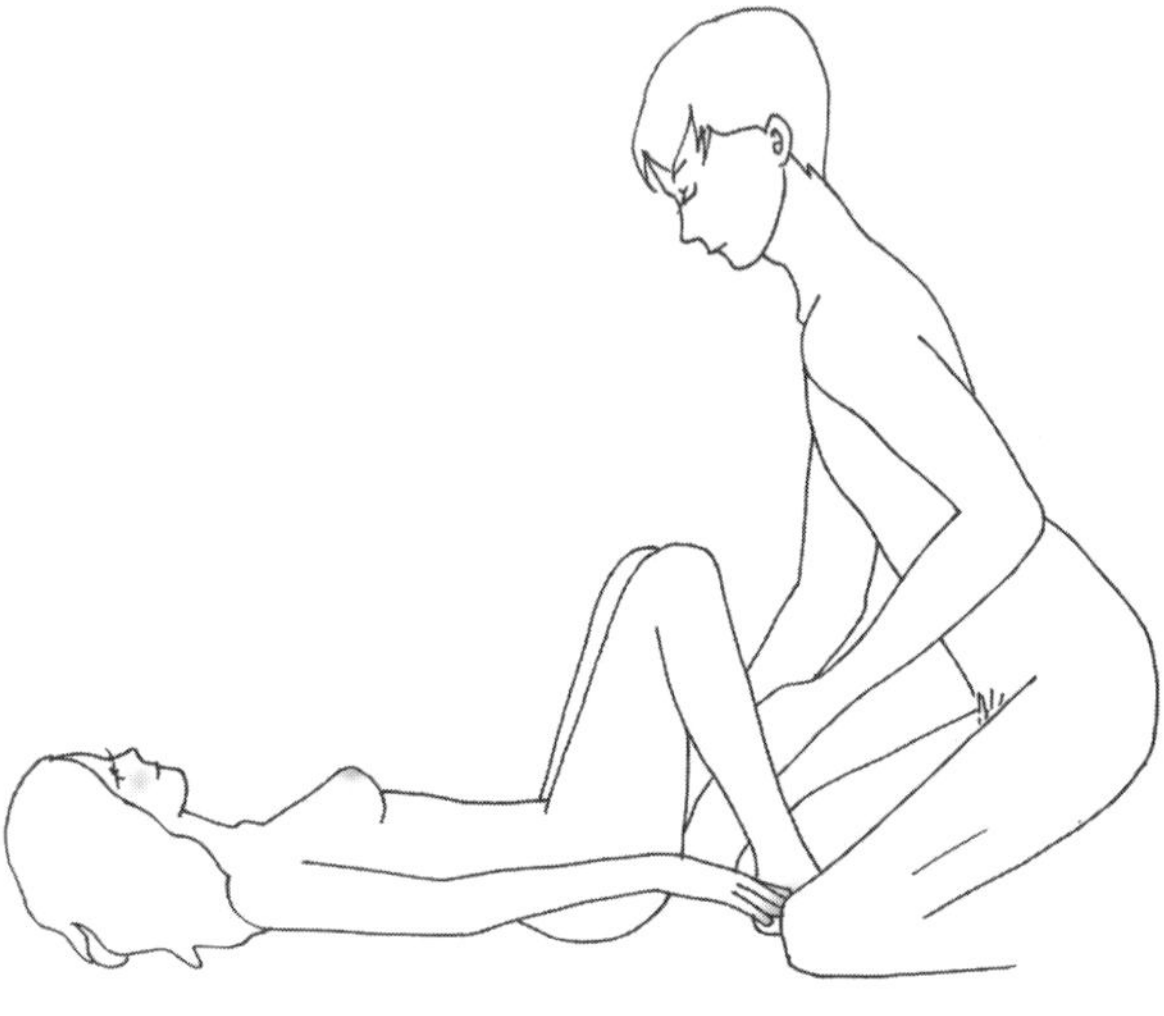

女性は仰向けになると全身の力が抜けて、指の挿入がスムーズになる。男性の位置は自由だが、女性の脚の間に入り、正面から挿入したほうが指をまっすぐ奥まで入れられる。

膣の愛撫テク1

中指を反応を見ながらゆっくり挿入

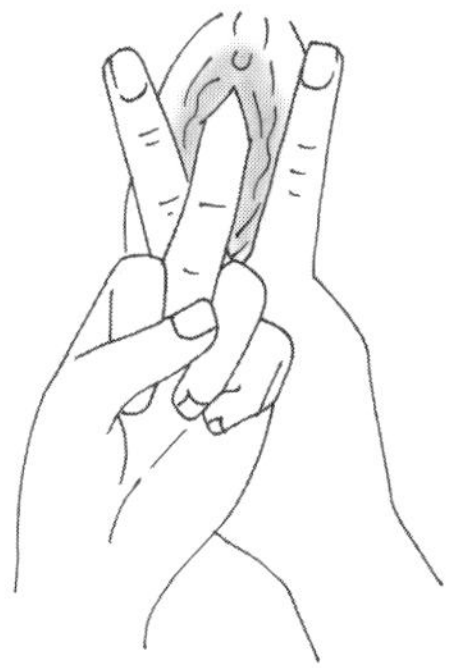

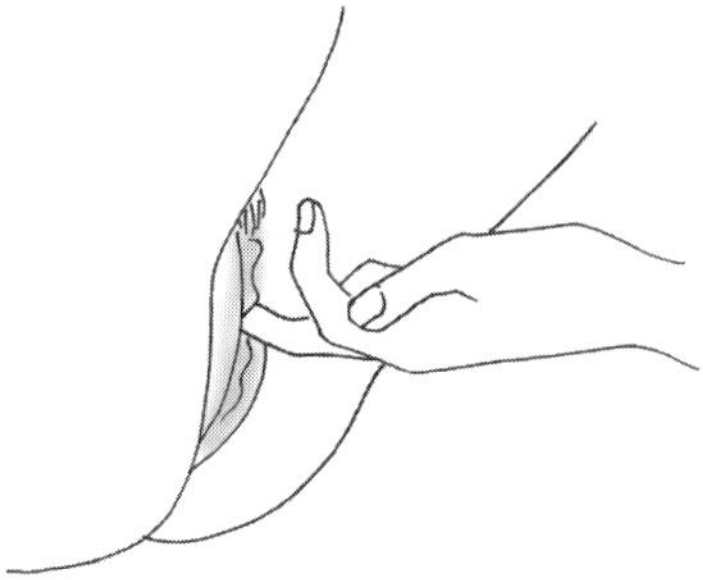

片方の手の人差し指と中指で小陰唇を開き、もう片方の手の中指を挿入する。小陰唇が巻き込まれると痛いので注意！　彼女の反応を確認して、痛みや不快感がないようであれば、指のゆっくり奥まで進めていく。ローションを使ってもよい。

膣の愛撫テク1

中指の腹を使って膣のお腹側にあるGスポットを狙う

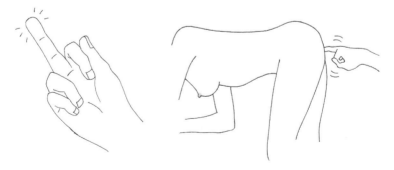

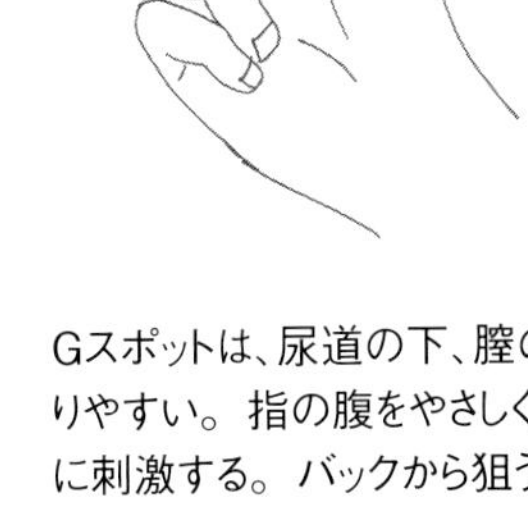

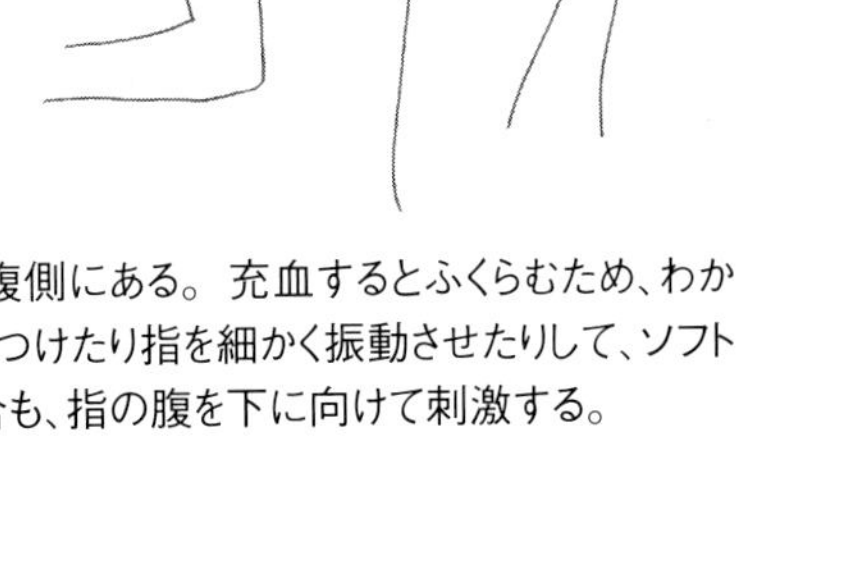

Gスポットは、尿道の下、膣のお腹側にある。充血するとふくらむため、わかりやすい。指の腹をやさしく押しつけたり指を細かく振動させたりして、ソフトに刺激する。バックから狙う場合も、指の腹を下に向けて刺激する。

膣の愛撫テク４

ポルチオは指の腹でやさしくほぐす

ポルチオの刺激は、コリコリとしている部分を、指の腹でやさしくなでるようにしてほぐす。彼女が痛がっていなければ、徐々に刺激を強くしてもよい。彼女の反応をよく見ること。

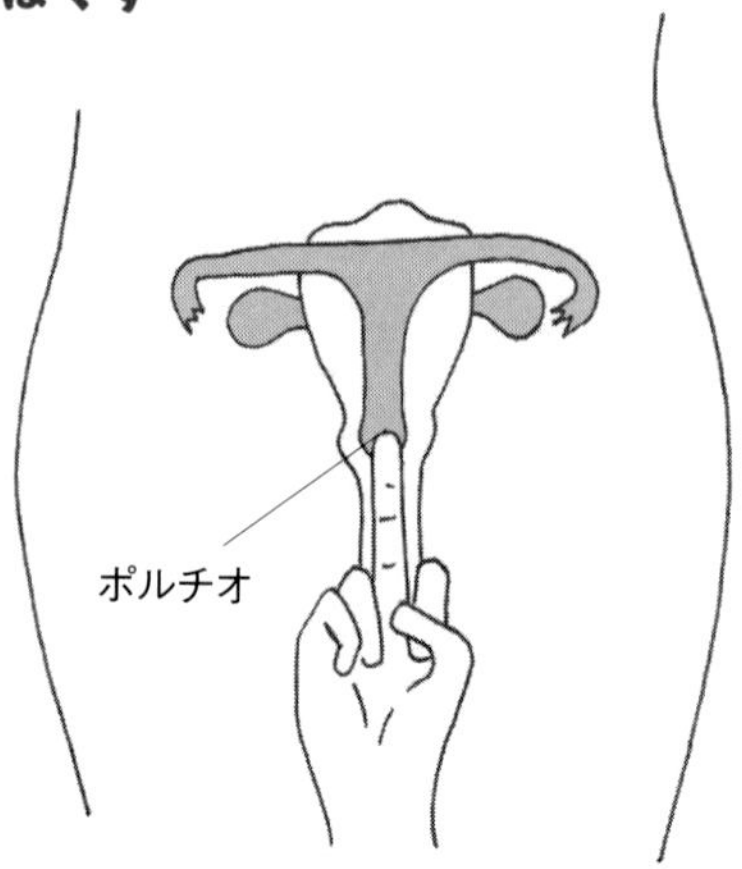

膣の愛撫テク５

オーガズムに近づいてきたらテンポと強さを変えずに刺激

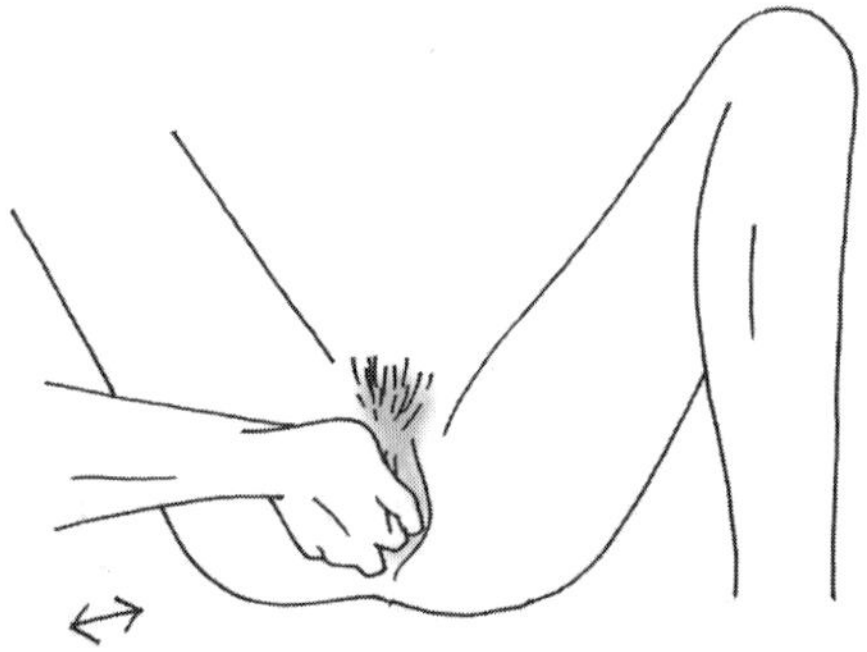

オーガズムが近づくと、ラブジュースの分泌量が増え、膣全体が厚みを増す。ここで焦って指の動きを早くすると台無し！　テンポと強さを変えずに、Gスポットやポルチオを刺激し続けると、じきにオーガズムが訪れるはず。

＋《プラス》スゴ技

挿入前の大事なステップ、膣愛撫で彼女を気持ちよくする5か条

1 膣は指1本で感じる！　さらに上の快感を目指すなら、Gスポットを狙いましょう。

2 挿入前に無理にイカせなくてもよい。彼女がピークに達する一歩手前で切り上げる。

3 指をクイッと曲げて、そっとタッチ。これだけでGスポットは感じます。

4 AVでの過激な指テクは、すべて演出！　悪いお手本満載です。

5 潮への幻想は捨てて！　ビシャーっと吹き出す正体は、尿の一種です。

6-4

締まりがよくなるエクササイズ「キーゲル体操」

男性にとって真の〝名器〟とは、先ほど紹介したような特殊な構造をした膣ではなく、〝締まり〟のよい膣です。男性のペニスを締めつける力、すなわち〝膣圧〟は、生まれつき決まっているものではありません。腹筋やその他の筋肉と同じく、鍛えることができるものなのです。また、遊んでいる女性はユルイ、というのも都市伝説です。

では、どこを鍛えるのかというと、骨盤の底で、骨盤内の臓器を支えてくれている筋肉「骨盤底筋」です。

ここを鍛えるには「キーゲル体操」と呼ばれるエクササイズを行います。本来この体操は、女性の悩みである頻尿や尿漏れを改善したり、年配者がフレイルを克服したりするために実践されるもので、肛門と膣を締めることによって、尿道を締める力をアップすることを目的としています。特に、産後の女性は骨盤底筋が大きなダメージを受けている場合

→ 団鬼六作品の読みすぎではありませんか？

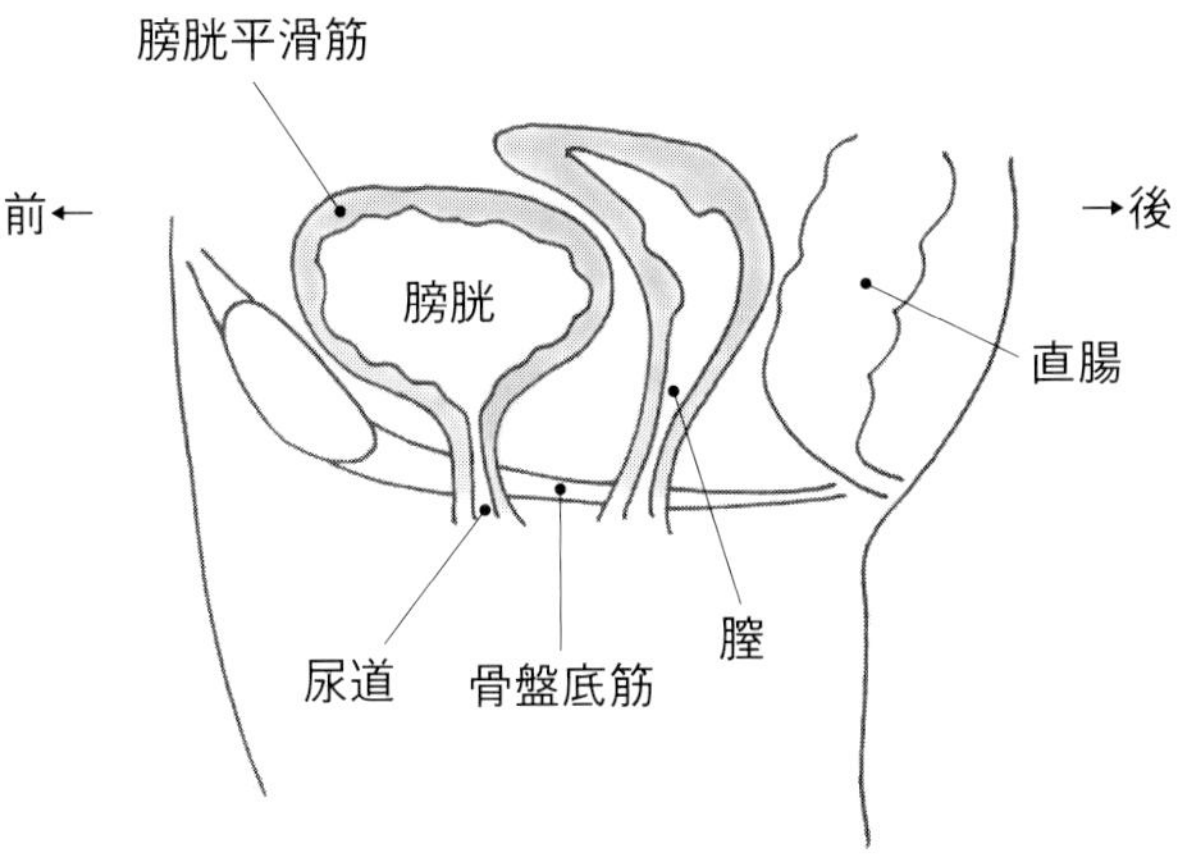

があるのでオススメします。方法はとても簡単。次のページの「基本エクササイズ」を5分程度行うだけで完了です。ただし、毎日繰り返すことが大切！　慣れてきたら「応用エクササイズ」に切り替えましょう。根気よく続ければ、3カ月をすぎたころに、きっと効果が現れます。男性にとって理想的な、ペニスを締めつけ、ヒダが熱く絡みつく膣へと生まれ変わるのです。

キーゲル体操
基本エクササイズ

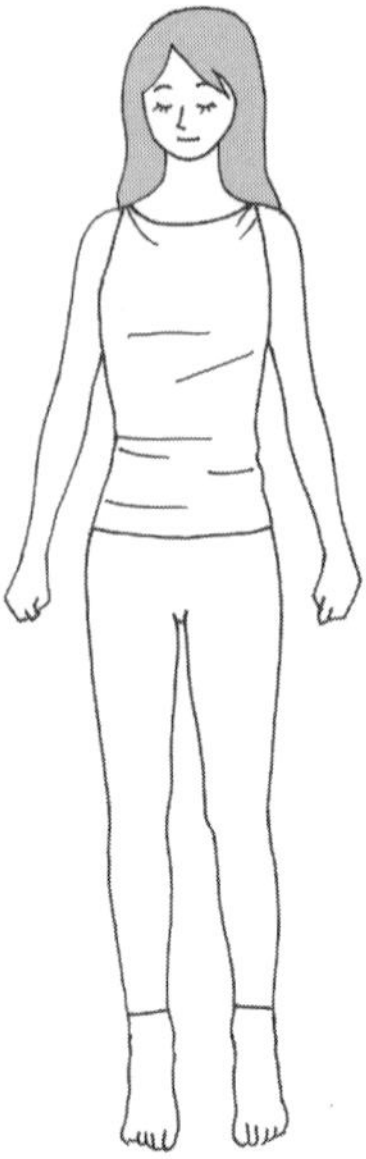

❶息を吸いながら、下腹部に力を入れ膣と肛門を体のなかに向かって持ち上げるようにして、ギューッと絞り込む。 おしっこを途中で止めるようなイメージ。

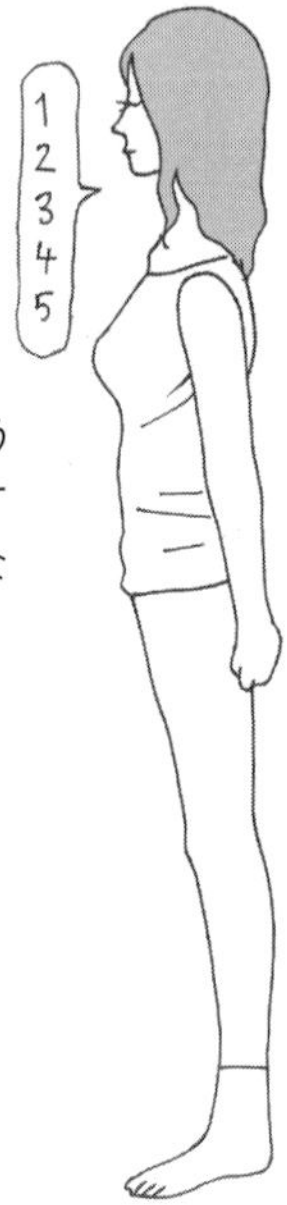

❷①の状態で、力を弱めないよう気をつけながら、5秒キープする。 お腹やお尻の筋肉が動かないよう注意。

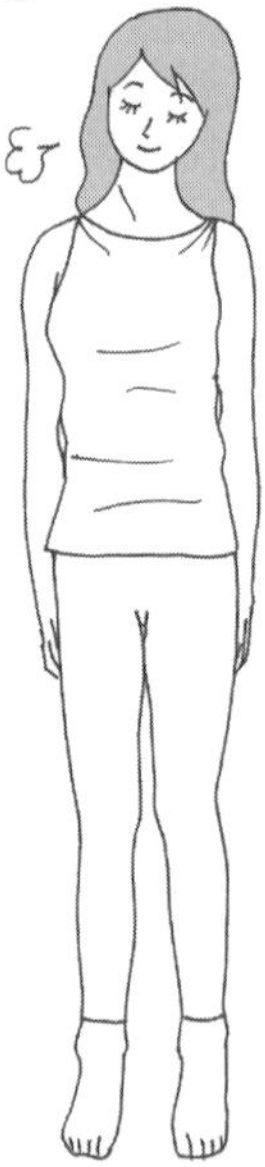

❸力を抜いて、5秒休む。 ①～③の動きを8回1セットとし、1日に5～10セット行う。 朝、昼、夕方、就寝前など、何回かに分けて行うと効果的。

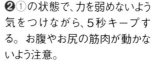

キーゲル体操
応用エクササイズ

A あおむけになって、背筋をのばして行う。

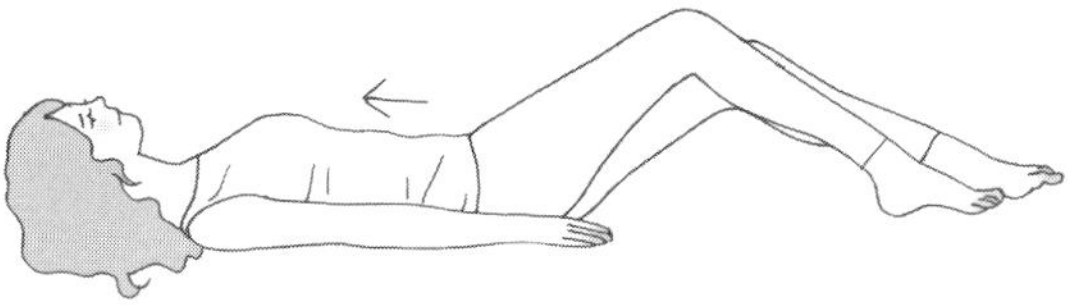

B ひじとひざを床について行う
（雑誌などを読みながらでもOK）

C 机に手をついて行う。

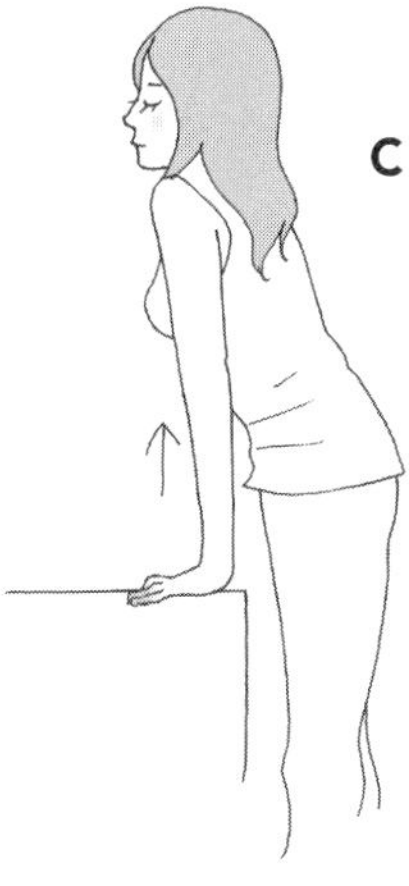

D 椅子に座って行う。

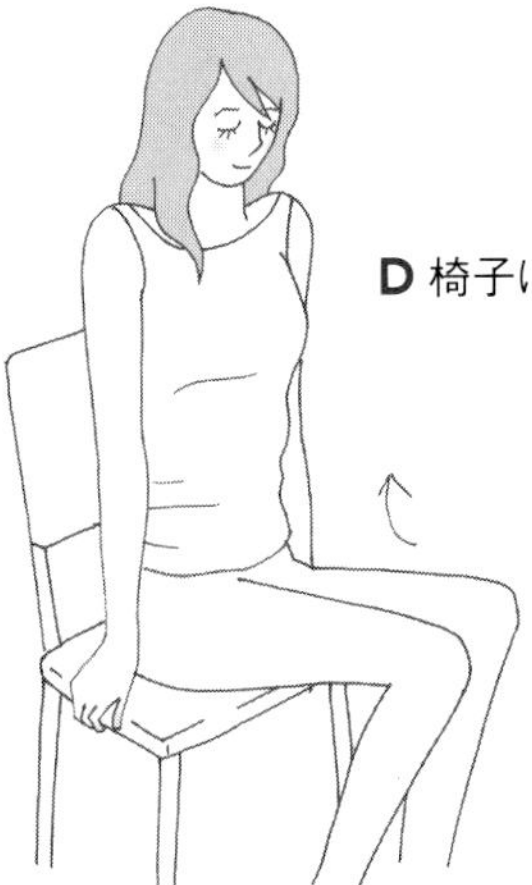

Chapter 7

実践篇4

男性だって愛撫してもらいたい！

愛されることより愛することを。
理解されることよりは理解することを。
—— マザー・テレサ

7-1 ペニスのサイズを気にするのはナンセンス！

現代ではもうあまり見られないかもしれませんが、銭湯などで小さな男の子たちが裸になって、ペニスの大きさを比べ合う光景は、とてもほほえましいものだったそうです。

男の子たちは実際に比較して大きい、小さいを確認するというよりは、ペニスを見せ合う行為そのものを楽しんでいるようですが、成人した男性はペニスのサイズについて、そう無邪気でもいられないようですね。何歳になっても自分は小さすぎるのでは？　大きすぎるのでは？　と深刻に悩む人は数多くいます。

男性を最も強く象徴するものだけに、それも無理からぬことかもしれませんが、でも、考えてみてください。あなたは、恋人の乳房が好みの大きさではないからといって嫌いになりますか？　彼女の性器の形や色が思っていたのと違うからといって、性欲が減退しますか？　それと同じことで、**ペニスの太さや長さにこだわりすぎるのは、まったく意味の**

男女ともに明確な役割があります。性欲を司り、精子や卵胞の成熟、妊娠の成立や維持に関与します。

ないことです。

日本人のペニスの平均的なサイズは、勃起していない状態で長さ8・5cm、周囲の長さ8・6cmとされています。欧米人の平均は長さ9・5cm、周囲の長さ9cmといわれていますから、彼らのサイズが日本人を上回るものであることは事実のようです。

ただし、日本人の特徴はその膨張率《ぼうちょう》にあると言っていいでしょう。弛緩しているときと勃起しているときのペニスのサイズを比較すると、アメリカ人が2・6倍膨張するのに対して、日本人は3・5倍の膨張率という数字をはじき出しています。

また、はっきりとしたデータはありませんが、欧米人のペニスが勃起時にもやわらかさを残しているのに対して、日本人をはじめとする東アジア人のペニスはかなり固くなるという意見が多いようです。

大きいのがいいか小さいのがいいか、固いのがいいかやわらかさを残しているほうがいいか、それは女性の好みによります。また、小さいから快感が少ない、大きいからすごく感じてしまうということもありません。たしかに、恋人のペニスが小さいことで物足りない思いをしている女性は存在しますが、その一方で大きすぎるペニスが入ってくることを苦痛に感じている女性も少なからずいるのです。

どちらにしろ、体位を工夫し、挿入の角度を調整することで解消できることなので、悩む必要は一切ありません。サイズなど気にせず、彼女とふたりで楽しめる〝つながり方〟を追求するほうがセックスをより楽しめると思いませんか？

7-2 フェラチオ嫌いな彼女にペニスを愛撫してもらうには？

彼女の身体を丹念に愛撫し、味わって、いよいよ挿入……の前に、男性だって彼女にペニスを愛してもらいたいですよね。前戯であなたからの愛情と思いやりを感じたなら、彼女のほうから自然にあなたの身体に触れてくるはずです。そして積極的にあなたが気持ちよくなることをしてくれるでしょう。

ただし、交際期間が長いならともかく、つきあい始めたばかりのころは、彼女はあなたのどこが感じるポイントなのかわからない状態です。あなたが彼女の身体を前に悩み、少しでも多く感じてもらいたくて試行錯誤したように、彼女もあなたの快感のポイントを知

→ そうとも言えます。しかし、1日のうちでは男性ホルモンのテストステロン値に変化があります。朝が高く、夜は低いのです。

りたがっています。

ペニスの快感は、女性にとってはわからないことだらけ。だから、どこが敏感なのか、どうされるとうれしいのかを、できるだけ言葉にしてあなたから伝えてください。あなたが心と身体をオープンにするほど、彼女の愛撫は濃密なものになるでしょう。

ペニスへの愛撫には、口によるものと手によるものと、主に2種類があります。

どちらもしてほしいというのが男性の本音だとは思いますが、女性のなかには特に口での愛撫、つまりフェラチオを好まない人もいます。その理由として、まずは心理的に抵抗があるからというもの、そして「オエッ」という嘔吐感があるからというもの、このふたつが挙げられます。これは「嘔吐反射」といって個人差が大きいです。過去のセックスでトラウマがある人もいるでしょう。

前者の場合、心から嫌がっている女性に無理強いをすることは断じてあってはなりませんが、後者については解決法があります。喉の奥や舌の付け根にものが当たると、人は反射的に嘔吐します。お酒で悪酔いした人が口のなかに指を入れて吐こうとしている場面を見たことはありませんか？　それと同じ現象が、彼女にも起こっているのです。

ということはつまり、彼女の喉の奥にペニスが当たらないよう、ふたりの姿勢などを工夫すればいいのです。141ページからのオーラルテク5か条を参考に、女性にとって負担にならない方法を、あなたからアドバイスしてください。そうすれば、今では気が進まなかったという彼女も、きっとリクエストに応えてくれるようになるでしょう。

7-3
〝ディープスロート〟はそれほど気持ちよくないという事実

フェラチオのテクニックと聞いてすぐに、〝ディープスロート〟という言葉が思い浮かぶ男性は少なくないでしょう。女性が男性のペニスを根元までくわえるという手法ですが、直訳すれば「喉の奥深く」というだけあって、必然的にペニスは女性の喉の奥をノックし、彼女に嘔吐感など苦しい思いをさせることになります。

ところが、このテクニックは、アダルト作品では定番となっているようです。

何度でもいいますが、アダルト作品は男性の性的願望を具現化した、いわばファンタ

→ 女性は月経のリズムによってテストステロン値に変動があるからです。でも、満月の日とかは関係ありませんからね…。

ジーのようなもの。そこで必ずといっていいほどこのようなシーンが用意されているということは、ディープスロートは女性に苦痛を強いるというリスクを差し引いても、男性にとっては極上の悦びをもたらすものに違いない……と思われる読者もいるかもしれません。

しかし、実はこれは大きな間違い！　女性の喉の奥まで挿し込んでも、ペニスはそれほど大きな快感を得られないのです。ペニスで最も敏感な場所は、亀頭と、裏筋の上にある〝小帯〟といわれる部分です。ペニスで気持ちよくなるためには、このふたつが集中している先端部を刺激するのが最も効果的。根元まで一生懸命くわえてもらっても、はっきりいって時間の無駄でしかありません。

ディープスロートは、ビジュアルのインパクトを追求しただけのもの。支配欲を満たすために、彼女を苦しめて何になるのでしょう？　あなた自身がたいして気持ちよくもないのに、彼女の負担ばかりが大きいだけの行為を求めるなんて、そろそろやめませんか？

7-4 フェラチオをなるべく長い時間楽しむには？

あなたは、彼女の唇や舌での刺激で完全に勃起したあとは、すぐに膣に挿入したいタイプですか？　それとも、そのやわらかな愛撫で射精まで楽しみたいタイプでしょうか？

どちらにしろ、彼女の口内のあたたかな感触を、長く味わっていたいですよね。

ペニスが気持ちよくなると、静脈の血流が増して亀頭の色が濃くなり、陰のうがキュッと縮むように上がります。同時に、無意識のうちに腰を前に突き出すようになります。

この状況でさらに刺激を続けると、ほどなくオーガズムが訪れ、射精に至ります。

すぐにイッてしまわないためのコツは、7割くらいのところで彼女に愛撫を一度中断してもらい、快感の波が少し引いたところを見計らって再開することです。オーガズムに達する寸前までいくとあと戻りできませんが、その一歩手前で自分に〝オアズケ〟をすることで、気持ちのいい状態が長く続きます。

女性の場合は、性欲だけでなく、感度も、バイオリズム変化の影響を受けやすいと言われています。しかし、ホルモン量を気にしすぎても仕方ありません。

あなたが彼女を焦らしたのと同じように、少しオアズケをすることであとの快感が大きくなるのです。この方法は、早漏で悩んでいる人にとっても、克服のためのよい訓練になります。

また、射精の最中に手でぎゅっとグリップしたり、強く吸ったりといった強い刺激がほしいのか、軽く握ったり、口でやんわりと包んだりソフトな愛撫がよいのかは、男性それぞれの好みによります。グリップ力も人によってはかなり強いものを求めますが、強く握ったからといって鬱血などのトラブルが起きることはそうそうありません。ただし、強い摩擦やグリップに慣れすぎると、女性の膣内での刺激では物足りなくなり、遅漏などの射精障害につながることもあるので気をつけましょう。

彼女のあたたかい口の中に精液を放つのは、フェラチオの醍醐味のひとつでしょう。男性にとっては、恋人の愛情を強く感じる瞬間でもありますね。

あなたのペニスの先から放出された精液を飲むか飲まないかは、彼女の判断に任せてください。**飲むことが愛情表現ではないのです。**「おいしい？」と彼女に聞くのもやめましょう。精液のにおいや味は、その人ごとに固有のものがありますが、決しておいしいものではありません。**仮にあなたが自分の精液を飲めといわれても抵抗があるように、彼女**

にとっても多少の我慢が必要な行為であることは覚えておきましょう。

ただ、精液を飲み込んでも身体に悪影響はありません。男性ホルモンが含まれているから摂取するとヒゲが生えてくるなどというのも、都市伝説のようなものなので、ご心配なく。当然、飲んだらキレイになるなんてことも断じてありません。

7-5 ペニスに次いで敏感な性感帯、陰のうも同時に刺激！

ペニスと同時に陰のうも彼女の手や舌で愛撫してもらいたいというのは、男性の自然な欲求です。神経がつながっているため、陰のうの快感はペニスに伝わり、ペニスの快感は陰のうに伝わります。女性と比べると快感のツボが少ない男性ですが、それだけに積極的に、貪欲に気持ちよさを追求してほしいものです。

陰のうのなかには睾丸がふたつセットで収められていて、成人男性のそれは、やや平べったい楕円《だえん》形をしています。薄い膜のようなものに包まれていて、ここで毎日数千個の

2人ともしたくないなら話は別ですが、究極のコミュニケーションであるセックスをないがしろにするのは、やはり問題です。

精子が作られているわけです。

日本人の精巣の平均サイズは、大きさが直径3～5㎝前後といわれています。重さは右が8・39g、左が8・45g。左が右よりもわずかに大きいのが一般的です。それにともない、位置も左のほうが自然と低くなります。

この精巣には通常15～25㎖程度の精液をストックしておくことができますが、溜まっていくに従って、それを放出したいという欲求、つまり性欲を感じることは大多数の男性が身をもって体験しているでしょう。溜めすぎるのは、男性不妊の原因にもなります。

少数派ではありますが、陰のうを刺激するとペニスより感じる人もいます。ここだけでオーガズムに達する可能性もありますが、女性にとってはペニス以上に、どう愛撫していいのか、いまひとつわかりにくいところでもあるのです。ここでも、どんなふうに愛撫してほしいのか、あなたの口からはっきりと伝えることが、快感への近道となります。セックスの前にはペニスだけでなく、ここもしっかり洗っておきましょう。

手でも口でも愛撫できますが、彼女が慣れてきたらぜひ複合ワザに挑戦してもらいましょう。ペニスを口にふくみながら手で陰のうを撫でる、またはその逆で、ペニスを手でしごきながら陰のうを口にふくむなど、同時に刺激するとよりいっそう大きな快感を得られますよ。

　また、男性にとっても乳首や耳たぶなどは敏感な性感帯ですが、これらの感じ方は男女ほぼ同じです。まずあなたが彼女を愛撫するときに、自分がされるとうれしいやり方で触れてください。あとで、それを彼女にまねてもらうと、彼女があなたの快感のツボを覚えやすくなります。

【ペニスへの愛撫　実践編〈フィンガーテク〉】

ペニスへの愛撫フィンガーテク5か条

＊手は石鹸でしっかり洗いましたか？

ペニスへの愛撫フィンガーテク1

滑らかな上下運動で

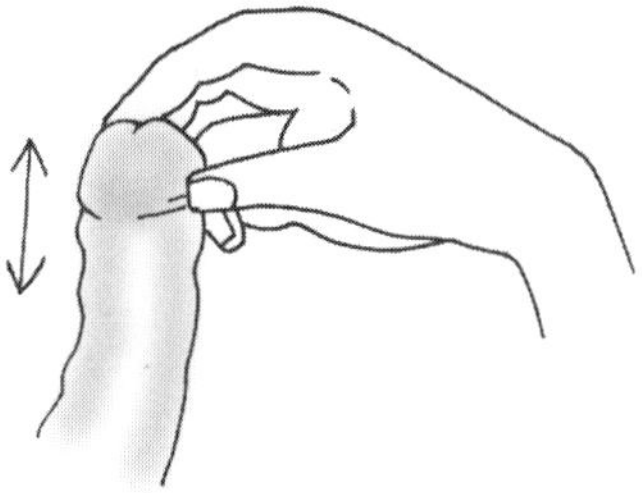

親指と人差し指で円を作り、亀頭の少し下を握る。中指をそっと添えてもよい。ペニスの幹にあたる部分を、スムーズな指使いで皮ごと上下にしごく。動きが途切れないように注意。

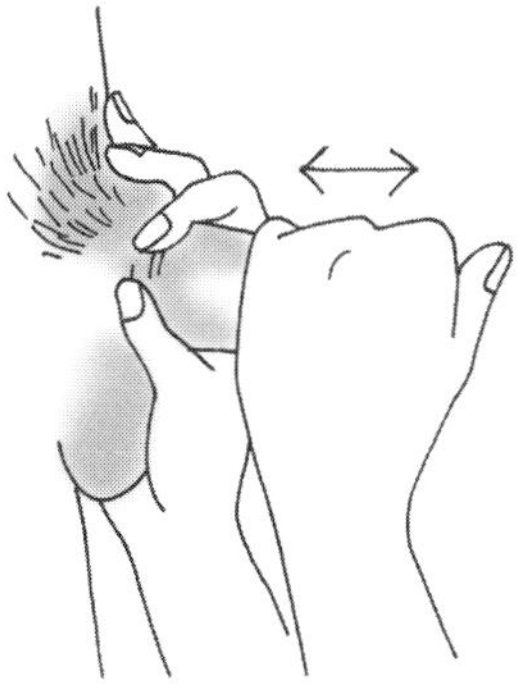

ペニスへの愛撫フィンガーテク2

皮はしっかりホールドする

余分な皮を片手でペニスの根元に集めて、もう片方の手で根元から鬼頭の先までしごき上げると、男性は女性の膣に挿入したときと近い感覚を楽しめる。過度の摩擦を防ぐため、カウパー腺液がたくさん出ているときに行う。

ペニスへの愛撫フィンガーテク3

敏感な先っぽ部分を集中的に

人差し指と中指で亀頭の根元をねじるようにしたり、ビールの栓を抜くように亀頭を軽くはじいたりすると、もっとも敏感な亀頭と小帯を集中的に愛撫でき、大きな快感につながる。

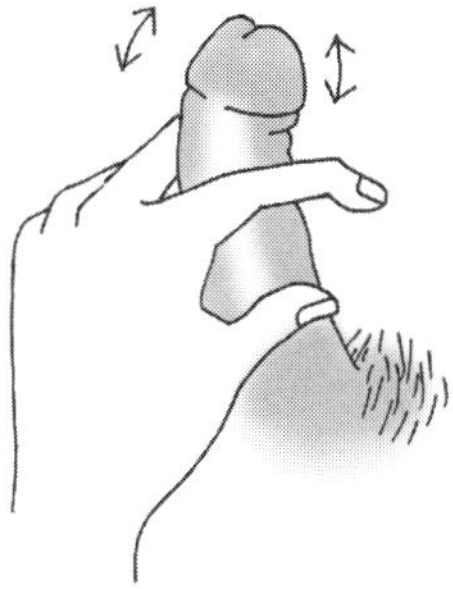

ペニスへの愛撫フィンガーテク４

同時に数カ所を攻めれば男性も嬉しい

余裕があれば、空いているほうの手で陰のうをさすったり、乳首や唇にキスしたりする。男性には〝ブレンド・オーガズム〟はないが、快感のポイントが多いとよろこぶ男性は多い。

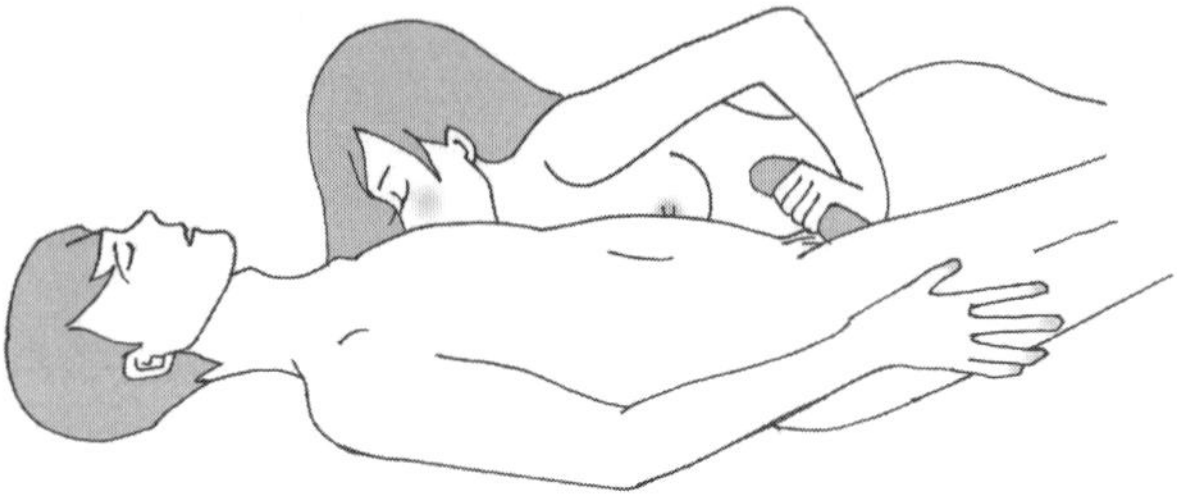

ペニスへの愛撫フィンガーテク５

イキそうになったらスピードアップ！

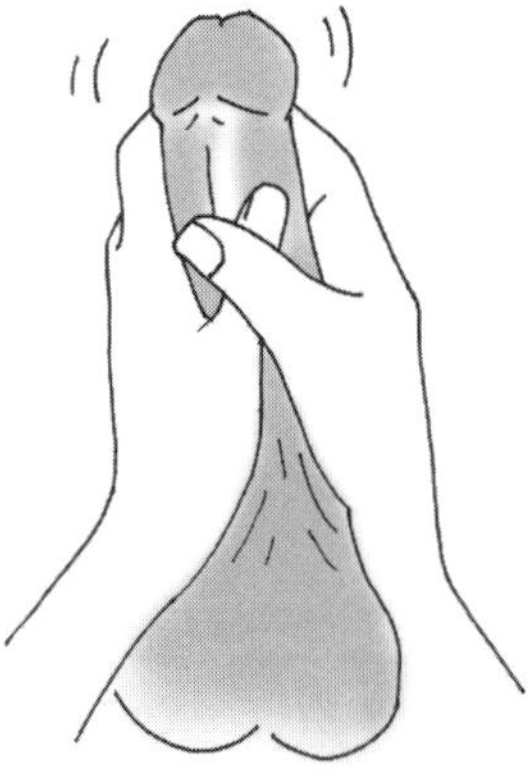

オーガズムの兆しが見えたら、手を上下させるスピードを速くする。両手でペニス全体を包むようにして上下させると膣に近い状態になり、射精しやすいという男性もいる。

【ペニスへの愛撫　実践編〈オーラルテク〉】

ペニスへの愛撫オーラルテク5か条

＊歯みがき、マウスウォッシュは済ませましたか?

ペニスへの愛撫オーラルテク1

女性は腕で男性の腰をおさえる

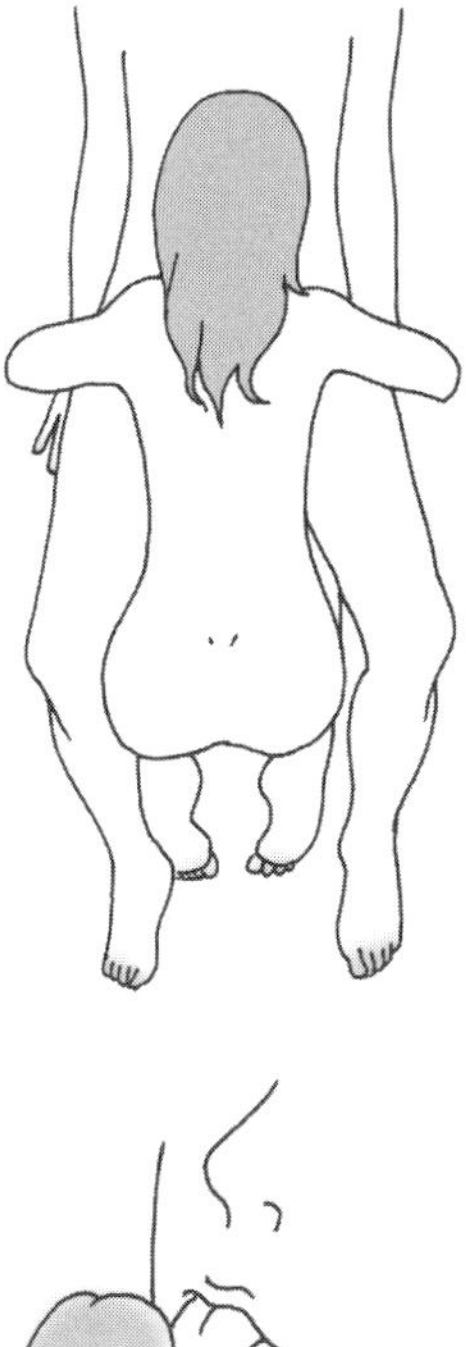

男性はあおむけに寝転がり、女性はその脚の間に身体を置き、正面からペニスに向かう。ペニスの根元を手で握り、同じ方のひじで男性の骨盤をおさえる。腰とペニスの位置が固定されるので、女性の喉にペニスが突き刺さる心配がなくなる。

ペニスへの愛撫オーラルテク2

包皮は無理にむかなくてOK

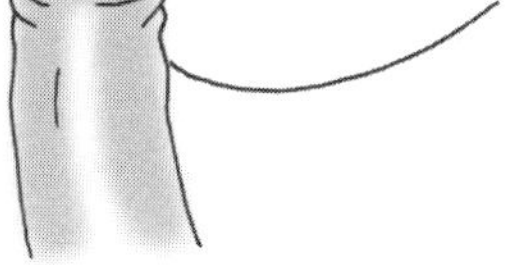

包皮がある場合は、最初から無理にむかなくてもよい。皮のなかに舌を入れたり、唇の先で包皮をむいて上下させたり、皮を利用した愛撫をすると程よい刺激がペニスに伝わる。

ペニスへの愛撫フィンガーテク３

先端をペロペロするとGOOD！

亀頭や小帯を愛撫するときは、まず手を使って皮をペニスの根元に集めてから、アイスキャンディを舐める要領で、ペロペロとまんべんなく舌を這わせる。

ペニスへの愛撫フィンガーテク４

多彩な愛撫が快感につながる

基本的には歯を立てないように唇でカバーしながら上下運動を行うが、ときおり下の歯を使ってアクセントをつける。 細かくキスしたり、舌先で小突くなど刺激に強弱をつけて、単調になるのを防ぐ。

ペニスへの愛撫フィンガーテク５

複合テクニックで至福の時間を

余裕があれば、手と口の複合ワザに挑戦。 鬼頭と小帯を舌先でやさしく刺激し、やや鈍感なサオの部分は手で上下にしごく。 あらかじめペニス全体に唾液をからめておくこと。

陰のうへの愛撫　実践編

陰のうへの愛撫テク3か条

陰のうへの愛撫テク1

最初は表面だけをやさしく

陰のうの敏感な皮の部分に、サワサワとやさしく触れるようにしてなぞる。触れるか触れないかくらいのタッチもよい。

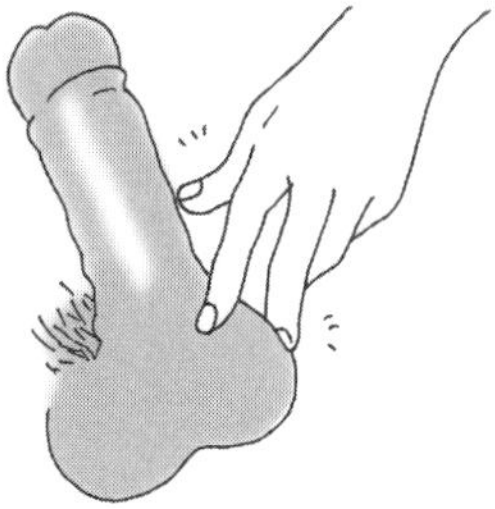

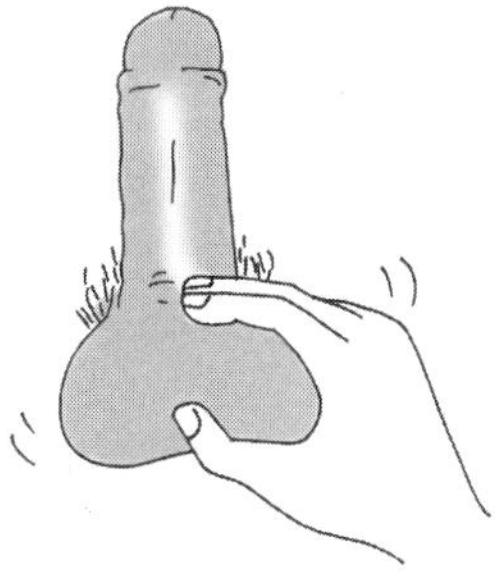

陰のうへの愛撫テク2

ソフトタッチでマッサージ

5本の指で陰のうをマッサージする。徐々に刺激を強くしていき、陰のうを指先で転がすようにして揉む。親指と人差し指でリングを作って刺激してもよい。

陰のうへの愛撫テク3

ペニスも同時に刺激して快感UP！

ペニスと陰のうを同時に刺激するときは、ペニスを頭側に引き上げて上下にしごき、陰嚢は肛門側に引き下げながら指でねじるようにマッサージする。

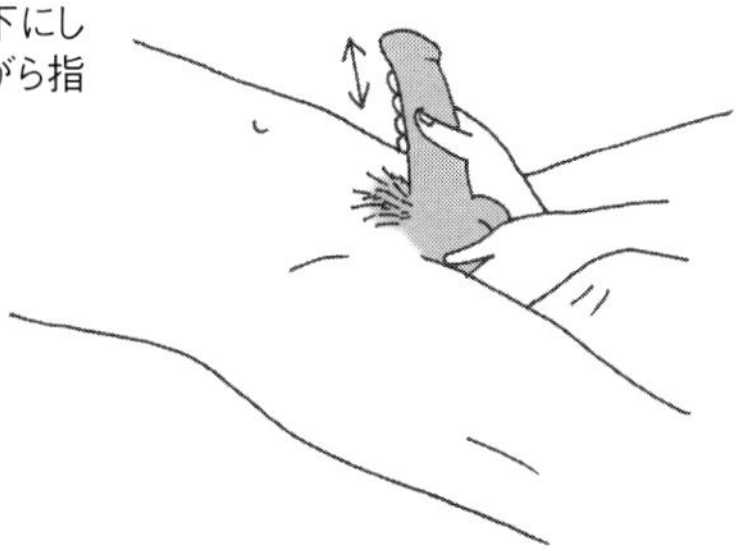

+《プラス》スゴ技

フェラチオで嫌われない&気持ちよくなるための5か条

1 彼女にフェラを「させる」のではなく、「したい」気持ちを引き出すこと。

2 してもらっている間は髪を撫でるなど、彼女の警戒を解く。

3 正面からペニスに向き合って、感じるところを集中的に舐めてもらう。

4 彼女を苦しませないためには、腰を突き出さない体位をチョイス。

5 ふたり同時に快感がほしいなら、清潔を保ちながらシックスナインを!

Chapter 8

実践篇5

いよいよ挿入＝クライマックス！

成功は結果であって目的ではない。

――フローベル

8-1

挿入のタイミングは彼女に決めてもらうこと

彼女の膣があなたの中指での刺激に慣れ、同時にあなたのペニスが膣を貫通するのに十分な硬さになったら、いよいよ挿入です。

挿入するタイミングは、彼女に決めてもらうのがいいでしょう。なぜなら、膣がペニスを受け入れる準備ができているかどうかは、彼女自身がいちばんよくわかっています。もしもあなたの彼女がとてもシャイな性格で、はっきりと挿入をうながすことができない場合は、「もう入れても平気かな?」などというように、あなたからやさしく尋ねてください。

彼女のＯＫが出たからといって、いきなりペニスをずぶりと奥まで挿しこんではいけません! ドアをノックするようにしてから可能な限りゆっくりと挿入するよう心がけましょう。そうしないとペニスの進入にともない、小陰唇が膣内に巻きこまれてしまいます。

→ 彼女のその日のコンディションによって濡れないときは、濡れないのです。ローション使用はテクニックとは無関係。

これは女性にとって、とても痛いもの。膣の入口に擦りキズをつくってしまうこともあり、たいへん危険な行為です。

注意すべき場所は、もうひとつあります。それは、膣の最も奥、つまり子宮の入口にあるポルチオです。無理に奥まで押し込むと、ここに激痛が走ります。指で愛撫してよくほぐしたあとだとしても、慎重さを失わず、彼女の反応を見ながらゆっくり奥に進んでください。

また、あなたと彼女が子どもをほしいカップルでないのなら、挿入の最初の段階からコンドームをつけておきましょう。産婦人科の外来を訪れる女性のなかには、望まない妊娠をしてしまった人もいます。避妊していたのに……と嘆く人もいますが、よくよく話を聞くと、最初は〝生〟の状態で挿入し、男性の射精が近づいてからようやくコンドームを装着するか、もしくは膣外射精をする習慣だったと判明するパターンがほどんどです。「外に出すから大丈夫」は、大丈夫ではないのです。途中からではコンドームの効果は半分以下になってしまいます。

カウパー腺液には多かれ少なかれ必ず精子が混ざっています。**コンドームは必ず挿入前からつけること。男女ともに、決して忘れてはならないルールです。**

♥ 彼女が濡れないとき、ローションに頼るのは自分のテク不足を認めているようで気が引けます。

8-2 ピストン運動は速いほうがいいとは限らない

性器と性器をつなげて、あなたと彼女の身体がひとつになったら、その後の時間の使い方には2段階あります。

まず親密なムードを高めながら気持ちを確認しあうための時間が1段階め。そして2段階めは、ふたりで快楽を追求して、オーガズムを目指すための時間です。それぞれの段階で、あなたと彼女の体位や動き方は、大きく変わります。

では1段階めから見てみましょう。**互いの愛情を確信しあっている男女が饒舌すぎる愛の言葉を必要としないのと同じく、親密なムードを盛り上げるときに激しいピストン運動はいりません。**ペニスを速く出し入れするよりも、深く挿入したまま、お互いの身体をじっと密着させてください。

そして、ふたりの呼吸に合わせて男性が腰をゆっくり動かします。女性の膣はワンスト

よかったですね。でも、本当に「大好き」なのでしょうか！　ご自分で飲んでみて。

ロークごとに形が変化します。スローな腰の動きだと、この膣の変化があなたのペニスにもしっかり伝わるため、ふたりとも心地いい快感に浸れるでしょう。

ペニスが当たる場所や、その場のムードによっては、彼女がオーガズムを迎えることもあるかもしれませんが、その場合はなりゆきに任せてください。オーガズムを我慢する必要はまったくないのですから。

ただし、彼女がイカないからといって焦る必要はありません。焦らして焦らして彼女の心も身体もいっそう敏感にしたうえで、2段階めに突入し、ふたり一緒に強い快楽に飛び込むのもまた、すばらしい経験ですよ。


肉体的快感を追求し、オーガズムを目指す2段階めでは、男性はリズミカルに腰を動かす、いわゆる〝ピストン運動〟を行います。あなたのペニスが膣に出入りするたびに、張り出したカリが彼女のGスポットを擦り、これによって男女が同時に強い快感を得られるのです。ポルチオも十分にほぐれているはずですから、亀頭の先でノックされると彼女はますます快感に身悶えし始めます。

ピストン運動のスピードは、速ければいいというわけではありません。情熱的に腰と腰をぶつけ合うという激しい雰囲気に酔うのも悪くはないですが、男性ならあたたかな膣がうごめく様子を、女性ならペニスが自分の最も敏感な部分を擦りあげる感覚を、じっくり味わえるスピードのほうが、ふたりで一緒に盛り上がれると思いませんか？　お互いの表情を確認したり、コミュニケーションをとったりしながら、ふたりにとって最適のスピードを見つけ出してください。

ここでいうピストン運動とは、あくまでも前後の動きです。

たとえば、セックス指南本や男性誌などには腰を「の」の字にくねらせると女性が悦ぶ……というテクニックが紹介されていることがあります。ペニスを回転させて前後運動とは違った刺激を与える狙いなのでしょうが、よく考えてみてください。**ペニスの根元を回転させたところで、先端のカリはほとんど動きません。**膣の入口には多少の刺激が伝わるかもしれませんが、女性が最も感じるGスポットとポルチオには何の影響もないのです。「の」の字は体力を消耗するだけで、女性の評判はいまひとつ……という結果に陥りがちですよ！

アブノーマルなプレイは危険がつきものです。安全性を確認し、責任が取れる場合だけ挑んでください。

8-3
体位を変えれば長い時間、挿入を楽しめる

そもそもセックスの途中でなぜ体位を変えるかというと、気分を変えながら挿入の時間を長く楽しむためです。短時間であまりに頻繁に体位を変えると女性は快感に集中できずシラけてしまいますが、単調なだけのピストン運動もまた、退屈なものです。

基本的な体位は、正常位、騎乗位、座位、後背位の4種類です。

たった4種類!? と思われるかもしれませんが、**たとえば正常位ひとつとっても脚を開くか閉じるか、曲げるか伸ばすかによって、感じる場所、感じ方はあなたも彼女もすべて違ってきます。**さらに身体の密着度を変化させることで、男性の恥骨がクリトリスを擦りあげたり、手を伸ばして女性の乳首を刺激したりといった〝オプション〟を加えることもできます。それぞれの体位が無限のバリエーションを持っているといってもいいでしょう。

この4種の体位を楽しむための順番は特にありませんし、また全部こなさなければなら

ないということもありませんが、最初に挿入するときは正常位がおすすめです。女性があおむけになるため足腰の力が抜け、ペニスを受け入れやすくなっているからです。

反対に、最初の体位としては避けたほうがいいのは、騎乗位です。ペニスがいきなり膣の奥まで刺さると、まだほぐれていないポルチオを刺激して痛い思いをさせてしまう可能性があります。騎乗位は、彼女がペニスで本格的に気持ちよくなるまで待ってからトライしましょう。

8-4
オーガズムに達しやすい体位は男女で違う

より感じやすい体位、オーガズムに達しやすい体位というのはありますが、残念なことに男女でそれぞれ異なります。

男性の場合は、正常位か後背位。ペニスの入る深さやピストンのスピードを自分でコントロールしやすく、フィニッシュのタイミングを自分で決められます。そして女性の場合

→ 反応がないのも立派な反応。演技を求めるのは言語道断、おふたりには芝居よりも相談が必要です。

は、後背位や騎乗位のほうが、Gスポットやポルチオという敏感な部分にペニスが当たりやすいため、オーガズムまで至る可能性が高まります。

反対に、女性がイキにくいのは実は正常位です。興奮すると膣の上部が充血してふくらむため、ペニスでGスポットを刺激するのが難しくなるからです。

同じ体位であなたと彼女が同時に気持ちよくなれればいうことはありませんが、残念なことにどんなに仲睦まじいカップルでも、**男性の好きな体位では女性がそれほど気持ちよくなれず、女性が悦ぶ体位では男性はなかなかイクことができない……ということはままあります。**

こんなときは、お互いさま。相手のお気に入りの体位を尊重しあいましょう。それぞれに好きな体位を交互に行えば、どちらにも不満は残りません。ただ男性は一度射精してしまうと回復までに時間がかかるため、まずは彼女をオーガズムに導き、満足させてから、あなたの好きな体位に持ち込むのがいいでしょう。

ただし、体位を変えるときの注意点がひとつあります。ペニスはその都度、抜いてください。一度、彼女とつながったら離れがたい気持ちはわかりますが、ペニスを挿入したまま腰をひねると、その拍子に彼女の小陰唇が膣内に巻きこまれたり、ペニスの先端が気持ちょくないところにあたったりして、女性にとっては不快なことのほうが多いのです。つながったまま体位を変えることがテクニシャンではありません。彼女のラブジュースがよほど多いか、ローションを使っているとき以外は、体位を変えるたびに挿入しなおすのがマナーです。

8-5 身体の相性がいい／悪いって本当にあるの？

産婦人科医としてセックスについての悩みに耳を傾けていると、「パートナーとの相性が悪い」と話す女性が少なからずいることに気づきます。ときにはそれが夫婦やカップル間のセックスレスの原因にもなるため、見過ごせない問題です。

肉体的な〝相性〟というのは、本当にあるのでしょうか？　たとえば、前のパートナーとは充実したセックスライフを送っていたのに、今のパートナーとは何度抱き合ってもなかなか気持ちよくなれない……。これは、身体と身体の相性の問題なのでしょうか？

→ 彼女の反応が小さいだけかも。ちゃんと感じていても、あなたの期待ほどではないというだけかもしれません。

結論は、イエスが半分、ノーが半分です。

あなたのペニスの大きさ、勃起したときの固さや角度が、彼女の膣の大きさや深さにジャストフィットし、ピストン運動するたびに、ちょうどよくGスポットを擦りポルチオを刺激する……これは確かに肉体的に〝相性がいい〟といっていいでしょう。こんなパートナーと出会えたとすれば、それはとてもラッキーなことです。

では、相性が悪いというのは、どういう状態をいうのでしょう？

たとえばペニスのサイズが小さいとGスポットに当たりにくい。それとは逆にペニスが大きすぎて、女性が感じていないうちから子宮の奥をノックしてしまう。こうなると女性は痛がるため、男性はろくにピストン運動ができず、お互いに満足を得られない結果に終わります。大きくても小さくても、それぞれに苦労があるのです。

原因がペニスだけにあるとは限りません。女性側の身体的特徴によって相性のよしあしが決まることもあります。俗に、膣と肛門のあいだが長いことを〝上付き〟、短いことを〝下付き〟といいます。実際には、ほんの数ミリの差にすぎませんが、挿入したときにペニスの先があたる角度が変わるため、ずいぶんと違いを感じる男性も多いようです。

とはいえ、パートナーが自分の身体にぴったり合ったペニス、または膣でないとしても、それほど深刻に悩むことではないのです。たいていのことは、体位を工夫すれば解決できるのですから。

前述したとおり、基本の正常位、騎乗位、座位、後背位だけでも、脚の角度や開く幅を変えれば、無限の組み合わせができます。どんなに身体と身体の相性が悪くても、そのなかには必ずふたりで感じることのできる〝ベスト・ポジション〟があるはずです。

同じ正常位でも、ペニスが小さい場合は159ページの挿入テク4のように結合部に体重をかけるようにすると、Gスポットに届きやすくなります。ペニスが大きすぎる場合は、同じく挿入テク2・3のように深く入りすぎないよう工夫すれば、女性に痛い思いをさせることなく、存分に腰を動かせます。

こうして体位を工夫することで、男性の遅漏、早漏もカバーできます。

そもそも遅漏や早漏に明確な定義はありません。女性が満足しないうちに射精してしまえば早漏、延々と続くピストン運動で女性が疲れてしまってもまだフィニッシュできなければ遅漏というだけのことです。要するに気持ちの問題でもあるのですが、夫婦やカップルの間ですれ違いを生んでいるのなら、解決したほうがいいですよね。

また、女性にとっては実は早漏の男性より遅漏の男性のほうが体力的な負担が大きくな

→ パイズリはセックスではなく、サービスです。しかもそれをできるバストサイズの女性は少数です。

ります。長い時間をかければいいというものではないのです。

それでも、あなたが彼女より先にオーガズムを迎えそうならペニスに刺激が伝わりにくい体位に切り替え、彼女の顔に疲労の色が見えたら、ピストン運動のストロークを短くしてみてください。ペニスのいちばん感じる部分は亀頭と小帯、つまりペニスの先端に集中しているので、短いストロークにすることで、この部分を無駄なく刺激でき、早くイケるのです。

また、挿入が間延びすると女性のラブジュースが分泌されにくくなり、乾いてしまいがちです。前戯ではたくさん濡れていても、途中で痛くなることも。遅漏ぎみの人は、なるべくローションを使いましょう。

互いに気遣いあい、そして相手を悦ばせようと努力する……そんなセックスはふたりの愛情も育てます。そのことを忘れず、よりよいセックスライフを営んでください。

♥ パイズリが夢です。男のロマンだと思います。

正常位での挿入　実践編

正常位での挿入テク5か条

正常位での挿入テク1

男性が女性の腰をしっかり支える

最初に挿入するときは、女性が脚の力を抜きやすいこの体位がベスト。男性が女性の腰をおさえると、小さめのペニスでも挿入途中で外れにくい。余裕があればクリトリスにタッチ！

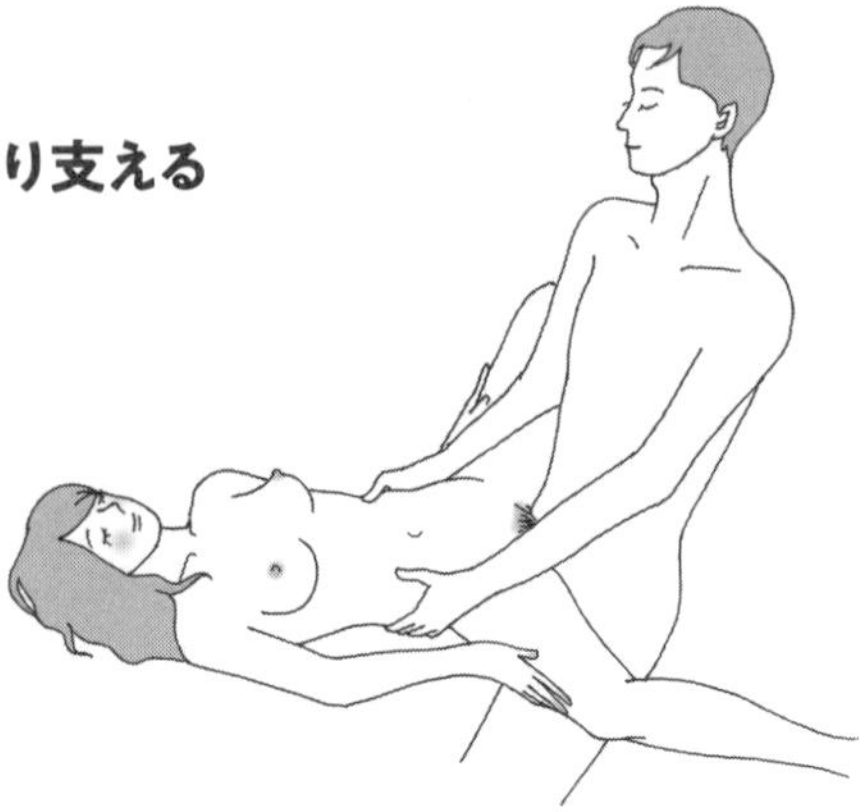

正常位での挿入テク2

密着するのでラブラブ度がUP！

上半身を密着させ、女性は脚を高く上げる。あまり深く入らないことから、男性のペニスのサイズが大きいカップル向き。女性の腰の下にまくらを敷いて角度を調整することもできる。ただし、男性は体重をかけすぎないこと。

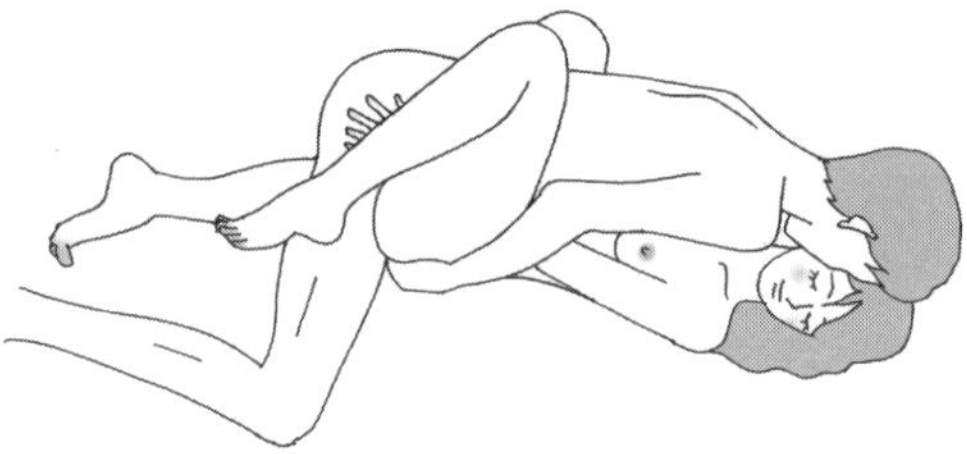

正常位での挿入テク3

女性が脚を閉じると挿入が浅くなる

挿入が浅くなるが、大きなペニスの男性でもピストン運動がしやすい。Gスポットにもポルチオにもペニスは届かないが、男性の恥骨でクリトリスが擦れるため、この体位を好む女性は意外と多い。

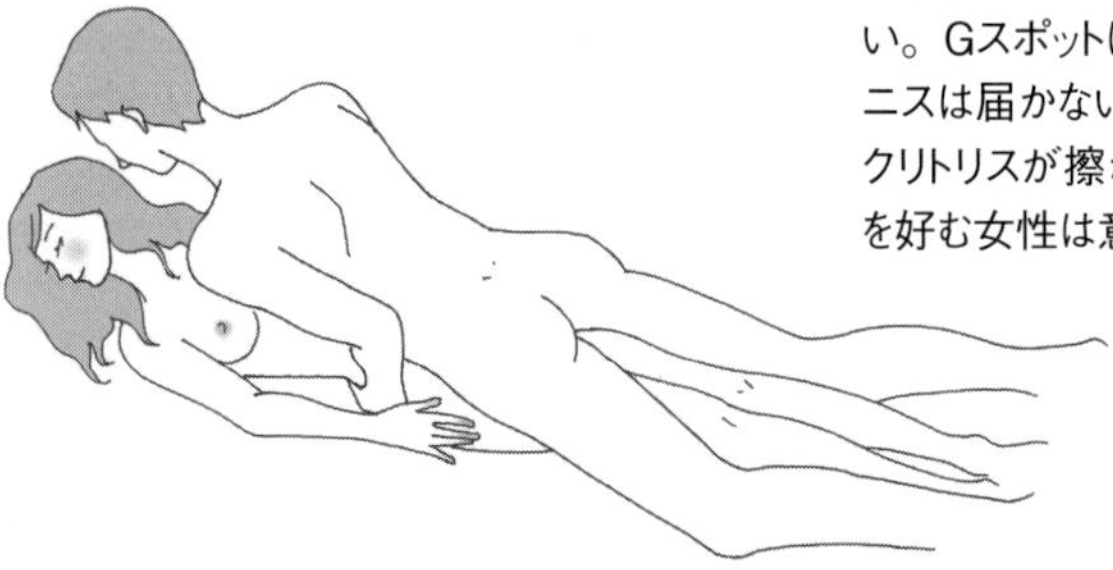

正常位での挿入テク4

深く挿入できるので ペニスが大きい男性は注意

男性が女性の腰を持ち上げたり、脚を上にかかげるようにして角度を調整する。結合部に男性の体重がかかることで挿入の深さが増し、小さめのペニスでもGスポットに届きやすい。

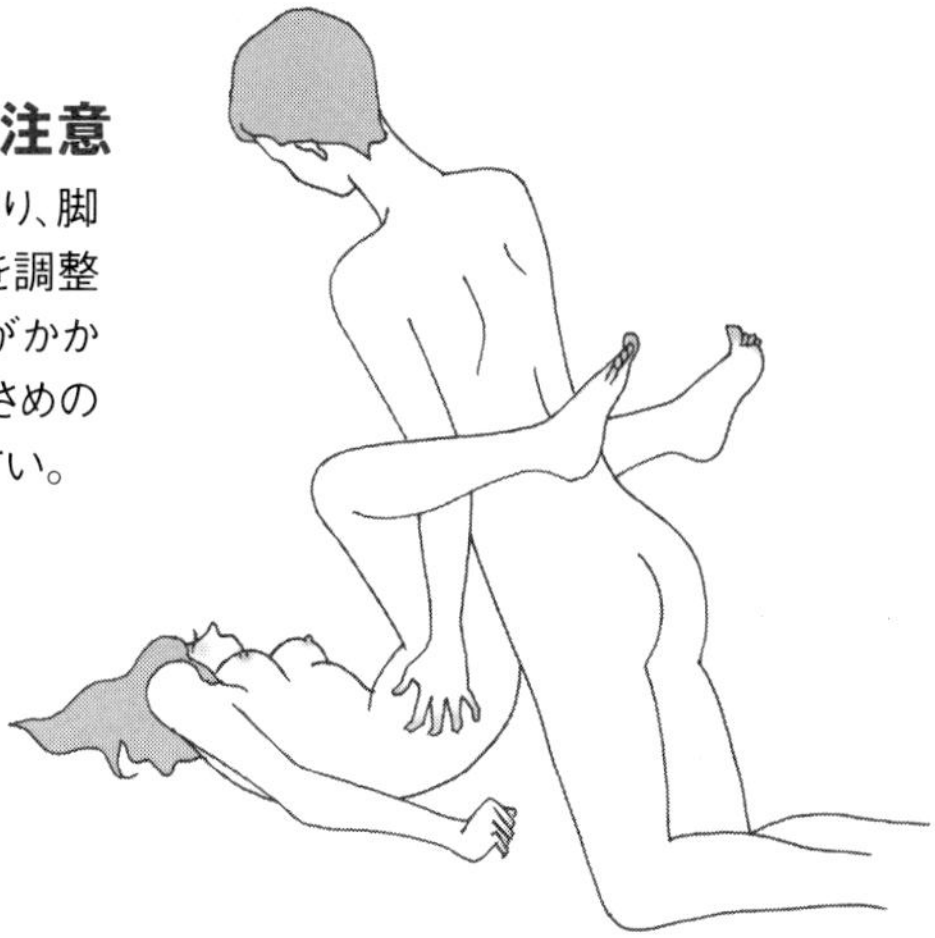

正常位での挿入テク5

男性が動きにくくなるので要注意

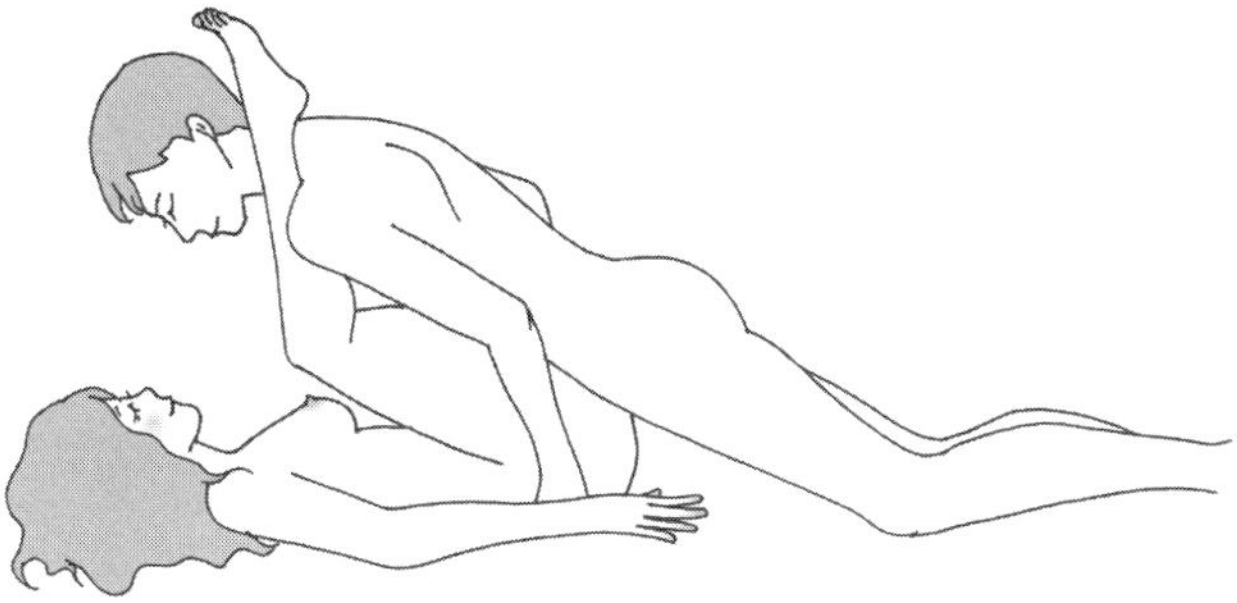

これは注意したい体位。挿入が極端に浅く、ペニスの先がGスポットに当たらないだけでなく、どうしても男性の体重がのしかかってしまうので苦しい。男性は自分の体重を両手で支えるため、クリトリスなどほかの性感帯を愛撫することもできない。

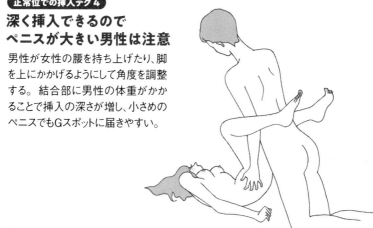

＋《プラス》スゴ技

もっともオーソドックスな体位、正常位を極めるための5か条

1 まずは正常位からスタート。最初は穏やかに、徐々に激しく！

2 気持ちよさを左右するのは腰の扱い方。ピストンを無駄にしない。

3 浅さと深さを使い分ければ、ペニスのサイズの悩みも克服できる。

4 まず女性を満足させてから、自分のフィニッシュ！

5 がっしり体型の男性は、体重をかけずに交わるのが、やさしさです。

騎乗位での挿入 実践編

騎乗位での挿入テク3か条

騎乗位での挿入テク1

女性は上半身を男性に預ける

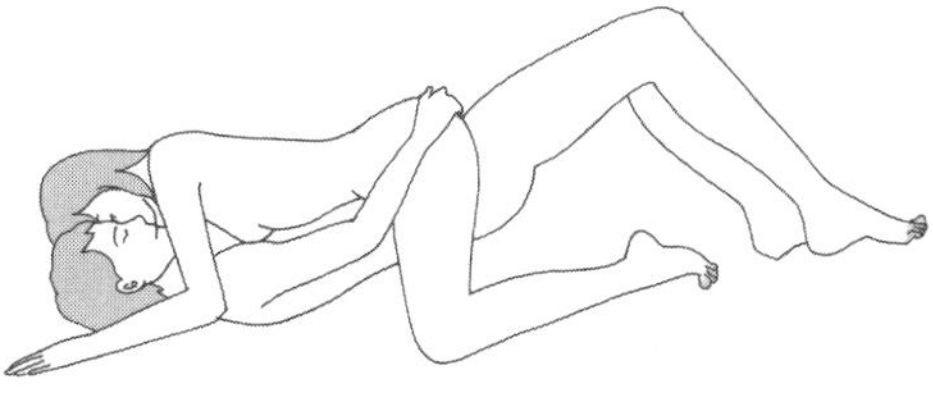

女性が男性の上半身にかぶさるようにし、体重は両腕で調整。腰の力を抜く。男性は下から突き上げるようにして腰を動かす。ペニスが小さくてもGスポットを刺激しやすく、女性はオーガズムに達しやすい。

騎乗位での挿入テク2

女性が体を起こしたまま腰を動かす

これは注意したい体位。女性が体を起こして前後、左右に体を動かしても、回転させても、ペニスがGスポットに当たることがない。乳房が揺れるので男性にとっては興奮する要素が多いが、女性にとっては要領を得ない体位。

騎乗位での挿入テク3

挿入したまま女性が後ろに反る

これも注意したい体位のひとつ。女性の上下の動きによってペニスが膣口で擦れるので、男性にとっては気持ちがいい。しかし女性は脚の筋肉を駆使しなくてはならないので、ただ大変なだけで快感は少ない。

座位での挿入　実践編

座位での挿入テクテク3か条

座位での挿入テク1

対面座位は ハードなピストン運動の 小休止として

男性があぐらなど楽な姿勢で座り、その上に女性が乗ってつながる。女性が腰を揺すればペニスにやさしい快感が伝わる。リラックスしながらイチャイチャしたり、小休止したりするのにぴったり。

座位での挿入テク2

部屋の段差を利用する

椅子やベッドの縁に座ったり、壁に背を預けたりすれば、挿入の角度に変化をつけられる。ちょうど女性の乳首が男性の顔の前あたりにくるので、口で愛撫するのもよい。

座位での挿入テク3

男性が椅子になる

このポーズで鏡を見たがる男性は多いが、これも注意したい体位。背面座位は男女ともに腰を動かしにくい。ピストン運動ができたとしても、ペニスが当たるのは女性の膣の後ろ側なので、女性の快感ポイントにペニスは触れない。

プラス
＋スゴ技

イチャイチャの座位と、安らぎの騎乗位を極めるための5か条

1 小休止して、イチャイチャするために座位を上手に取り入れる。

2 座位のお楽しみは、クリトリスの快感！ どっしり構えて、くねる彼女を支えて。

3 騎乗位で女性にスクワットさせて、自分は寝ているだけの男性は、「マグロ男」に認定されます！

4 「疲れない」「ふたりで気持ちよくなる」ことの両立には、〝抱きつき騎乗位〟をとりいれて！

5 ベッドを飛び出し、リビングでロマンティックに！ ソファでの座位と騎乗位で気分転換を。

【後背位での挿入　実践編】

後背位での挿入テク5か条

後背位での挿入テク1

ピストンを激しくするには腰をおさえて

女性が四つん這いになる体位。下付きの女性の場合は特に、Gスポットを刺激されやすい。男性が女性の腰をしっかりおさえると、激しいピストン運動をしても挿入が外れにくい。

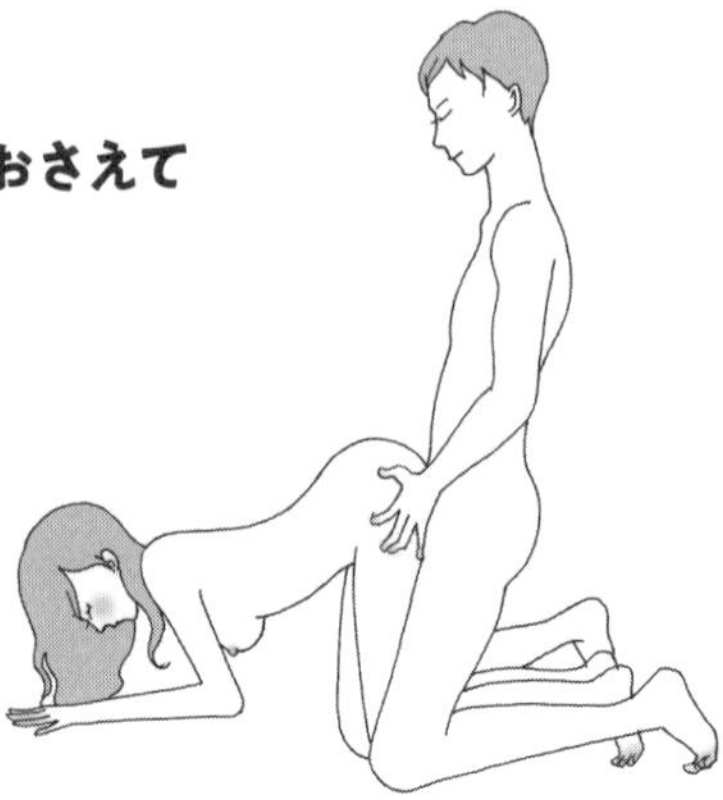

後背位での挿入テク2

一度イッた後におすすめの激しいピストン

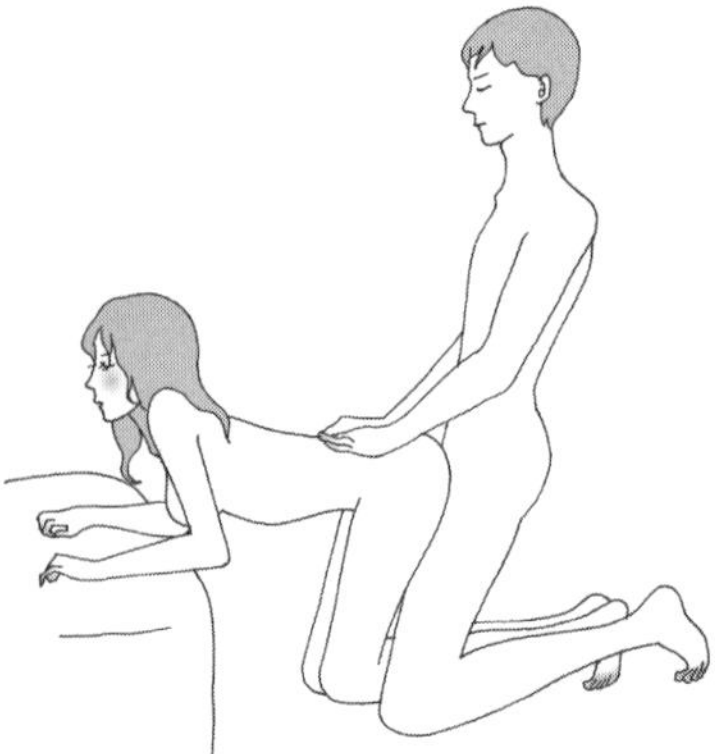

女性が上半身をソファやベッドに預けると、ピストン運動の衝撃を受け止めやすい。最初から強く挿入して動かすと女性が痛がるので、一度オーガズムに達した後に挑戦したい。

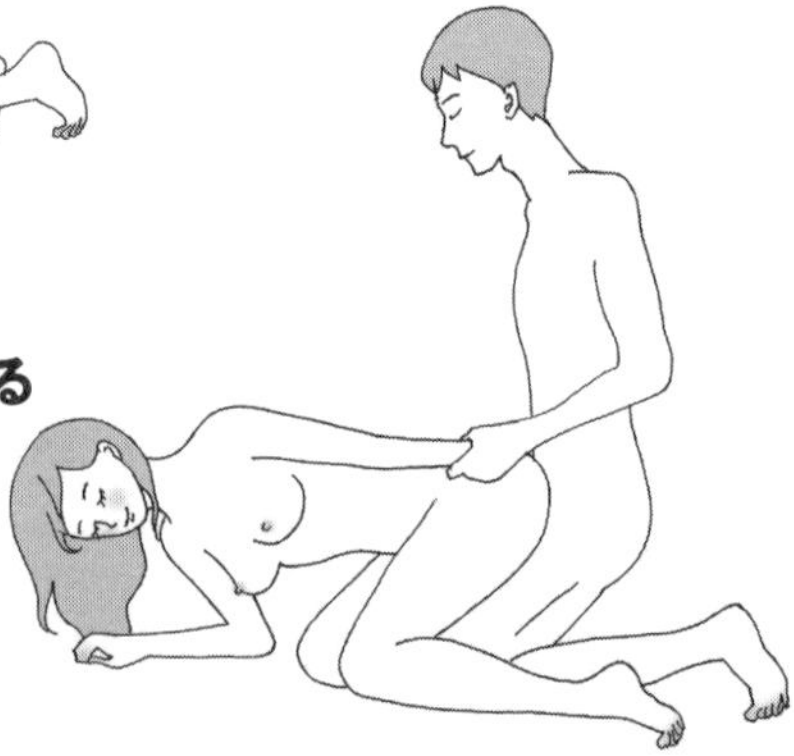

後背位での挿入テク3

腕を引き寄せて密着度を高める

女性の片方の腕を引いて上半身を引きつけると、より深く挿入できる。ただし両腕をつかむと女性はバランスが取りにくくなるので注意。

後背位での挿入テク4

クリトリスも擦れて気持ちいい

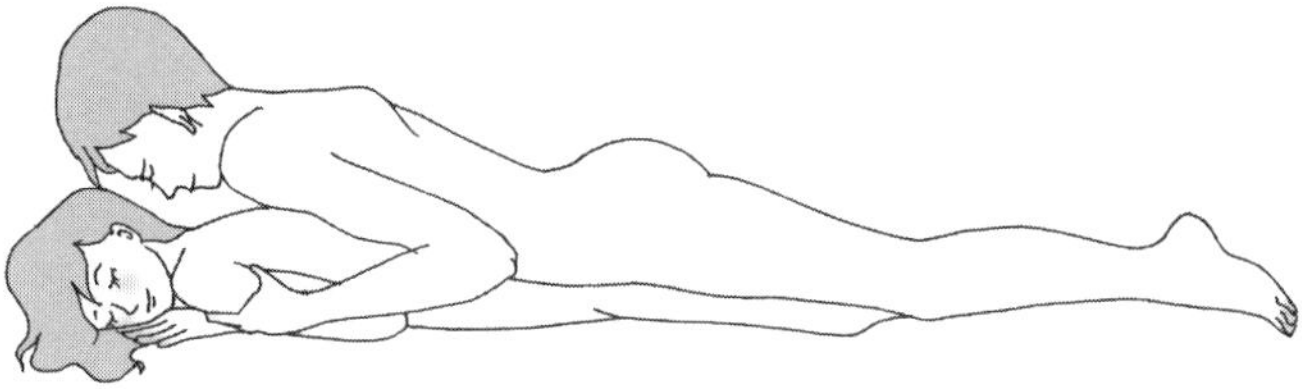

女性が脚を閉じてうつ伏せになり、男性が体重をかけて挿入する。激しいピストン運動ができないため、早漏防止になる。女性はベッドでクリトリスが擦れて快感を得られる。

後背位での挿入テク5

より深く挿入できる角度を探そう

女性が上半身を反らしたり、倒したりすることで角度を調節することができる。男性は女性の背にのしかかるようにしたり、腰を落として下から突き上げたりして、ふたりがもっとも感じるポイントを探す。

＋《プラス》スゴ技

ハードなばかりじゃない！　バックで感じるための5か条

1 バックのときは自制する！　征服欲を前面に出さないように。

2 挿入角度によって、感じ方は変わる！　女性に異物感を感じさせない工夫を。

3 浅さと深さ、そして角度を微妙に使い分けて、バックの快感にバリエーションを出す。

4 早くイク人、遅くイク人。それぞれがバックのときにできる工夫を。

5 バックで気をつけるべきは、身長差。枕やベッドの高低差を利用して、快感を探る。

Chapter 9

スペシャル・ドクター対談

愛の深まる体位とは？

宋美玄×永井敦

相手を尊敬することができぬなら、
恋は起こりえない。
―― フリードリヒ・フォン・シラー

ここまでお読みになって、いかがでしたか？　男女ともにパートナーの身体の仕組みをよく知ること、そして正しいテクニックを身につけること、これこそがお互いに対する思いやりの表れであり、それさえあればオーガズムは自然と訪れるものだということがわかりました。また、ようやく迎えたオーガズムに満足するだけでなく、ふたりのサティスファクションも実現し、両立できる人こそがセックスの上級者といえます。

本書のスペシャル対談として、著者の宋美玄先生と、『男性機能の真実』等、わかりやすく男性の「性」を解説することに定評のある泌尿器科のスペシャリスト・医学博士の永井敦先生に、それぞれのお立場から、インタラクティブ（双方向的）・セックスに必要不可欠な体位のお話を中心に、大いに語っていただきました。

それは、演技かもしれません。愛撫を早く終わらせてほしいサインの可能性も…。

男女それぞれがオーガズムを得やすい体位とは？

宋：日本の体位指南って、どうしても布団の上が基本ですよね。ほかの場所、新しい体位、違う道具も使ってみたらいいのにと思います。かつて私はある週刊誌でセックスに関する3000人の女性アンケートの監修をしたことがありました。そのなかに、「一度のセックスにおいて何種類の体位をしますか？」という質問を設けました。

永井：興味深いな。それはありそうでないデータですね。

宋：ほとんどの人が1種類か2種類。3種類という人が10％くらいでした。

つまり、正常位、後背位、騎乗位といったところでしょうか。そして女性の6～7割の方が、「正常位が一番好き」と回答しています。一番オーガズムを得やすい体位も正常位であると。永井先生も私も参加している性科学学会の調査や、Gスポットについての研究レポートなどによると、「女性にとって、正常位はオーガズムを得やすい体位ではない」というデータもあって、このあたりのギャップはどう説明すればいいのかなと少し戸惑いました。

永井：オーガズムを得やすい体位というのは、男女差だけではなく、個人差が大きくあると思います。だけどそれ以上に、普段正常位しかしていない、正常位しか知らない、という人も意外と多いのかもしれません。男性の場合、射精するときというのはだいたい正常位か後背位に落ち着くはずですしね。

宋：そうですよね。男性にとっては、その2つの体位が腰の動きを自分でコントロールしやすいですし。では、男性にとって騎乗位系の体位はどういう意味を持つのでしょう？

永井：男性は自分の意志でスピード調整ができないから、騎乗位は射精をコントロールするのは難しいはずです。だから、女性に楽しんでもらうためという意味合いが強いのではないかと。

宋：でも、その3000人の女性アンケートによると、「騎乗位はただ単に男がラクをし

→ あなたの愛撫に応えたい、自分自身を盛り上げたい、セックスをとっとと終わらせたい、眠い……のうちのどれかです。

たいだけじゃないの？」と思っている女性も少なからずいました。確かに、アダルトビデオでは、騎乗位で女性が膝と腰とを使って、挿入したまま上下に激しくグラインドするシーンがよく出てくるようです。だけどあれは、女性にとってはそんなに気持ちがよくないし、かなりしんどいですよ。スクワットをしているようなものですからね。女性自らが好んでやりたい動きではありません。騎乗位が女性のためというなら、やはり女性が自由に、かつ上下でなく前後に動くことで刺激を得やすくなる体位をおすすめしたいです。

たとえば、同じ騎乗位でも、女性の上半身を前に倒して、ペタッと男性に重なるようにうつ伏せになってしまう体位。そうすれば、比較的奥まで挿入できますし、男性も女性もあまり疲れません。精神的な親密度も高まります。かといって、それで男性がイケるかと言われれば、そうじゃないと思いますけど。

永井：男性にとってのオーガズム、つまり射精に至るまでのプロセスにおいても、パートナーの反応は大切ですよ。相手が気持ちいいと感じているかどうか、ふたりの間で盛り上がっているかどうかが、射精までの時間に大きく影響するのは確かです。

宋：なるほど。しかし女性の場合は、一概にはそうは言えないでしょうね。女性のオーガズムについては諸説ありますし、解明されていないこともまだたくさんありますが、膣でイケる人ってごく一部じゃないですか。

永井：一部だと思う。オーガズムはクリトリスで得るという女性が圧倒的に多いはずです。

宋：しかも、膣でイケるという人も、セックスのときに毎回毎回膣で、というわけではないと思うんです。女性がマスターベーションする際も、〝クリトリス派〟が〝膣派〟を大きく上回ります。ひとりでするときは、膣に触れなくても、クリトリスだけの刺激で、しかもたった数分でオーガズムを得られるのです。

ですから、セックスにおいてもクリトリスを刺激できる体位かどうかは非常に重要。「絶対に膣でイカせてやるぜ！」と思っている男性はナンセンスですね。騎乗位に限らず、正常位でも後背位でも、ちょっと意識をすればクリトリスは刺激できる場所にあります。女性が感じる後背位としては、女性がうつ伏せになり、後ろから挿入する体位。私はこれを「寝バック」って呼んでいるんですけど、布団でクリトリスが摩擦されるからおすすめ

→ 本当なら奇跡です。文字通りリップサービスの可能性が非常に高いですね。

です。あとは、オーガズムに到達することは少ないかもしれませんが、いわゆる普通のバックでも、男性が腰を動かす度に、実は陰のうがクリトリスにベシベシと当たるから、刺激になることが多いんです。

永井：男性は、そのことを認識しておいたほうがいいですね。つまり、クリトリスをちゃんと刺激できる体位や前戯を取り入れるだけで、「セックスが上手い」と女性からの評価も上がるかもしれない。男性は、挿入だけにこだわってはダメですね。

同時にイク！ はファンタジーだった!?

宋：日本では、どうも男性と女性が同時にイクことをよしとする文化がありますが、海外では、女性が先にイク、女性を先にイカせる、ということに重きを置いているように感じます。それも男性の征服欲的なニュアンスではなく、「レディファースト」という感覚で。欧米人は、「一緒にイク」ということは、どうでもいいみたい。

永井：セックスというのは、お互いが満足し合う、関係性を保つための行為ですから、自分がイッたかどうかに固執するよりも、お互いが満足できればそれでいいわけです。同時にイク必要はないんですよ。結局、セックスってお互いの奉仕の連続でしょう？　独りよがりの快楽を得たいのなら、マスターベーションをしていればいい。

宋：だけど、相変わらず男性週刊誌などは、「同時にイケる体位を教えてください」なんて私のところに取材に来るんですよ。そんな体位はありません、とお答えしていますが。しかし、そういう体位を指南している人もいますしね。

永井：射精を自由にコントロールできる男性が、女性の自然なタイミングに合わせてイクことができるなら、それはすごい技術だけど、普通の男性にはまず無理ですよ。

宋：それなのに、自分が射精しそうになると女性に向かって「お前もイケよ」って言う男性もいるらしい。そんなこと言われてイケるわけがない。

声を大にして言いたいですが、女性も男性同様、オーガズムをコントロールできませ

→ 自由ですが、AVで聞き飽きたようなセリフは、女性をシラけさせるだけなのでご注意を。

ん！　俺の彼女はイケと言うとイクよ、と勘違いしている男性は、彼女が毎回イッたふりをしてあげていることに感謝するべきです。

永井：男性も女性も基本的にはオーガズムのすべてをコントロールできない。男性は刺激の快感が頂点にくると、前立腺の働きによって射精不可避の状態になります。すると2～3秒で否応なく射精が始まります。射精自体は大体12～13秒で終わります。

宋：だから、同時にイクことを追及するのは無意味だし、そもそもファンタジーですよ。

永井：やはり、女性が先にオーガズムを得て、男性がそのあとで射精をするというのが自然なのです。女性は性的に満足したあとに幸せな気持ちになれるというデータもありますから、男性に対する愛撫もやさしくなるかもしれません。

宋：合言葉は「レディファースト」ですね！　男性は射精してしまうと、すっと冷静になるって言いますし。終わったあとにすぐに背を向けてしまう男性もいるくらいですから。

永井：交感神経が最大限に興奮したあとですから、すっと冷めます。あとは脱力感だけです。眠くなる人も多いですね。だけど、女性は男性と違い、一度のセックスで何度もオーガズムを得られるのではないですか？

宋：確かに、小さなオーガズムが連続して休みなくやってくる感覚のある女性はいると思います。だけど、全身が脱力するくらいの大きなオーガズムを得たあとは、男性同様に休憩が必要ですよ。なかなか復活しないですし、性欲も収まります。つまり女性は、前戯で大きなオーガズムを得られれば、挿入そのものは「消化試合」とでもいいますか、早く終わって！　と思っている人も実は多いのです(笑)。だけどセックスは、必ずしもオーガズムを得るためだけではないですから。とにかく、「一緒にイク」というのは相当難しいことです。

→ 女性はイケること自体がすばらしい体験です。優劣をつけるのはナンセンスですね。

気になる早漏、遅漏の医学的な定義とは？

永井：そもそも、男性と女性ではオーガズムの持続時間が違いますから、一緒にイクといったってフィニッシュが合わないでしょ。日本人男性は早漏の人が多いしね。ところで、早漏には定義があることをご存じですか？

宋：提案者によって定義に違いがあると聞きますが？

永井：早漏の代表的な定義は、挿入して1分半〜2分以内に射精する場合です。

宋：2分以内!? それは男性にとって結構ヘビーな定義ですね。早漏のイメージって漠然と、30秒くらいかと思っている人が多いのではないかと思いますが。

永井：そうなのです。2分というのは結構長いですよ。なんでそんな定義があるかといえば、セックスの問題も結局は科学ですから、早漏の治療薬のデータを取るためには絶対的な基準、定義が必要なんですよね。だからストップウォッチを用います。挿入して射精するまで何分何秒って。これが一番確実。もちろん、本人の意思とは関係なく挿入前に射精してしまう、挿入直後に射精してしまう場合も、早漏の定義に入ります。定義はほかにもいろいろ研究者によって設定が違っていて混乱していますが、面白いのは、挿入して、腰を押して戻しての一往復を「1（ワン）スラスト」というのですが、これを500回以内で射精する場合を早漏だと定義している論文もありました。

宋：500回!?　それはまた、かなり多いですよね。……女性にとっても迷惑な話かもしれません。

永井：すごく高いハードルですよね。1秒に1スラストだとしても、500秒、8分以上かかるわけです。だからこの定義は医療現場ではあまり使われていませんね。一方で、極端ですが、10スラスト以内に射精という定義もあります。あともうひとつ、究極の早漏の定義がありまして。それは、「相手が満足する前に射精すること」。だけどここまで定義してしまうと、相当な割合の人が早漏ということになる。

→　理論上はそうですね。精液を長く膣内にとどめておくのにぴったりな体位だからです。

宋：早漏問題も大変だ……。つまり、「レディファースト」ができていない人は早漏であるということですか？

永井：だからやっぱり、男性も女性のクリトリスを刺激する前戯や体位を意識しないと……という話につながると思うんです。

宋：先生、早漏の定義をお聞きしたからには、遅漏の定義も教えてもらわないと。

永井：早漏に対して、遅漏の定義は明快なんです。要するに、「膣内で射精できない」ということですから。

宋：えっ？　そうなんですか？　挿入してから射精までの時間が長い人のことだと思っている人は多いはずですよ。遅い男性とするのは、女性にとっても大変なんです。

永井：時間の長さの定義っていうのはないんです。我々泌尿器科が言う遅漏とは、膣内射精できない人。挿入後、射精までに何分以上かかったものが遅漏である、いう定義はありません。セックスで挿入はするものの、膣内で射精できなくて、フィニッシュは膣から抜いて自分の手でマスターベーションして射精をする人は遅漏ですね。

宋：つまり、女性がオーガズムを得たあとに、20分も30分も挿入している人でも、最終的に膣内に射精できれば医学的には遅漏ではないということですね。今、安心した男性は結構多いんじゃないかな。マスターベーションで何分以内という定義もないのですか？

永井：ありません。

宋：遅漏は治療できるんですよね？

永井：うーん、早漏の治療は比較的易しいのですが、遅漏の治療は難しいんです。簡単には治らない。たとえば、昨今人気のマスターベーター、〈TENGA〉などで、膣のなか

→ 膣はとても柔軟な器官です。どんな大きさのペニスにもフィットします。

の環境と似た状態で射精する訓練を、実際に患者さんにすすめる場合があるんです。遅漏の人は膣内環境では「緩い」と感じて射精ができないわけですから、最初はかなり締まりのいいマスターベーターで訓練し、それで射精ができるようになったら、次は少し緩いマスターベーターで試してみる。最後は、本当に膣に近い質感のモデルで……と段階を踏むんです。

宋：それは時間がかかりそうですね。実際、産婦人科の現場でも、夫が遅漏のために妊娠できないと悩んで相談に来られる人が多くいますから。赤ちゃんがほしいのに目の前で夫に手でマスターベーションされたのでは……妻もたまらないですね。男性によっては、相手の締まりが悪いから射精できないと、責任転嫁する人もいるのです。

永井：男性も悩んでいますよ。イケないのは、勃たないのと同じくらい辛いと考える人もいます。そのプレッシャーからさらにセックスから距離を置く人もね。

なぜ、「正常位」を「正常位」と呼ぶのか？

宋：あと、産婦人科に相談に来られる女性の悩みで多いのは、パートナーのペニスとのサイズが合わないというもの。挿入時にいつも痛い思いをしているという女性もいますし、逆に男性に、「お前は緩くてガバガバだ」と言われ、「先生、私の膣は緩いのでしょうか」と泣きそうな顔で相談に来る女性も多いんです。まったく、なんて酷いことを言う男性なんだ！　とこちらまで頭にきてしまう。そんなことを言われたら、セックスで愛情を深めること自体が無理です。体格差や角度の問題など、いろいろな要素が絡んでいるはずなのに。ただやはり、体格差があるように、ペニスのサイズも欧米に比べてアジア圏の男性の平均値は小さいですよね？

しかし、本書のなかでも、勃起時の膨張率は日本は世界に誇れると紹介しました。また、外国人の男性から「日本の女性はタイトで素晴らしい」という話を何度か聞いたことがあります。日本人女性が欧米でモテる理由のひとつに、実は関係しているかもしれませんね。

→ 日本人女性の膣は８～10㎝、Ｇスポットはペニスが勃起時に５㎝あれば届きます。

永井：骨盤が全然違いますからね。お尻が大きければ、それだけ性器も大きくなる。人類は進化に伴って性器の位置も変わってきましたが、骨盤の大きさによって性器の大きさも変化してきたのです。人種差も当然あるでしょう。たとえば、前立腺がんの手術をするときに、日本人は欧米人と比べて難しいんです。骨盤が小さいから手術の視野が狭くなる。

宋：だけど女性にとっては、あまりにもお尻や腰幅が大きい男性とセックスするのはちょっとしんどい。騎乗位のときも跨《また》ぎづらいですし、体位を変えるのも難しいです。

永井：でも体位を変えるときには一度抜くでしょう？ 挿入したままではかなり難しい。男性が挿入したまま体位を変えようとするのは、やはりアダルトビデオの影響でしょう。小休止という意味でも、体位を変えるときには一度身体を離したほうがいいですよ。

宋：この本でも、抜かずに体位変換することはNGだと書きました。そういえば、いろいろな体位でセックスするのって、人間だけですよね？

永井：そうです。生殖だけが目的の動物のセックスには、体位変換なんて必要ありませんから。ちなみに、サルは正常位ができません。基本バックです。だけど例外があってピグミー・チンバンジーのボノボは正常位もできる。写真を見ましたが、驚きました。

宋：正常位というのは、人類の進化の過程で見出された体位ということですよね。

永井：ほかの哺乳類は、正常位らしい体位はしませんよね。骨格的に無理がある。そもそも「正常位」という言葉の概念は、鎖国が終わった後、明治時代に広まった比較的新しい概念ですから。江戸時代は、「本手」と呼ばれていたようです。欧米では、「ミッショナリー」といって宣教師の体位と呼ばれているんですよ。

宋：聖職である宣教師はその体位だけは許されていたということでしょうか。つまり、ほかの体位でセックスするのは淫らだと？

永井：そう言われていたようです。だけど実は、一般的な体位では、正常位が一番男性の

→ 女性の膣には自浄作用があります。指を突っ込んで洗ったりしないでくださいね。

心臓の負担が大きいことがわかっています。男性がイクとき、正常位では脈拍が通常60が120になるとかね。バックだったら110とか。女性上位だったら90とか。もちろん個人差は大きくありますが、ご高齢の方や心臓に自信の無い男性は、正常値には注意したほうがいいですね。

宋：女性は逆ですからね。正常位は寝た状態なわけだから、そんなに負担がかからない。一番妊娠しやすい体位だというドクターもいますけど。

永井：妊娠しやすい体位かどうかというのはつまり、射精したあとに、いかにこぼさないで精液を長く膣のなかに留まらせておけるか、ということですよね。30分くらい留まると精液が均質化した液状になって、精子が泳ぎやすくなる。だから確かに、正常位はほかの体位に比べて妊娠しやすいと言えなくもないかな。その程度の話です。

宋：だけどやはり、「正常位」という言葉は、よくよく考えるとおかしい。

永井：そうなんです。「正常」という言葉をつけること自体が間違っている。要するにお互いが満足できる体位が一番いいわけだから。正常位でイケない人が「異常」なのかっていったらそうではないでしょう？　そろそろ正常位という言葉を使うのは、やめたほうがいいと思うんですよ。

宋：でも、「正常位」の呼び名が変わっても、この体位は廃れることはないでしょうね。

生涯現役でセックスできる人はどんな人？

宋：先ほど体位と心臓の負担の話が出ましたが、私が『女医が教える〜』シリーズを出版して意外だったのは、熟年・老年層からの反響がとても大きかったことです。もっと若い世代を狙って出版したはずが……。70代、80代においても充実したセックスライフを送りたいと願っている男性がなんと多いことか。永井先生の外来でも、その年齢層は多く来られますか？

→ 女性の羞恥心をあおりすぎるのも考えもの。逆効果になることがあります。

永井：そうですね。やはりその年齢層はEDの問題と大きく関わってきますから。

宋：EDの患者さんには、問診だけでバイアグラを出したりするんですか？

永井：僕は問診だけじゃなくて、男性ホルモンの数値は必ず計りますね。あと、糖尿がないかとか、そういうチェックは必ずします。だけど、誤解している人が多いのだけど、ED外来だからって「じゃあ今ここでパンツ脱いで勃起させてみてください」なんて言う医者はいませんよ。あくまでも、問診だけです。

宋：（笑）。それは産婦人科も同じです。「最近あんまり濡れなくて……」と相談に来た患者さんに、「では今ここで濡らしてみましょうか」なんて言いませんからね。安心して受診してほしいです。ところで、EDは何歳くらいからその傾向が増えるのでしょう？

永井：50歳を超えるあたりから、どうしてもそういう傾向が出てきますね。

♥ 灯りをつけてセックスするか、消してするかで喧嘩になります。

宋：よく男性週刊誌で特集が組まれますが、生涯現役でセックスができる男性は本当にいますか？

永井：もちろんです。80代になっても元気な人は結構います。バイアグラなどを上手に使ってね。男性機能が元気な人は、長生きすることがわかっています。僕もそれを目指そうとしているんだけど。

宋：生涯、性の現役でいるための秘訣はなんですか？　ストレスのない生活？

永井：確かにそれもありますが、ストレスのない人なんていないでしょう？　やはり日ごろの健康ありきですよね。

宋：射精できる人がまったく射精しなかったら、何か問題があるんですか？

永井：たとえば、1カ月間勃起が起こらなかったら、EDの危険性が高まりますね。

→ そう言われたとして、女性はどうしたらいいの？　コンプレックスはお互い様ですよ。

宋：男性って、夜中に勝手に勃起しますよね？

永井：夜間勃起現象といいます。一晩に4～5回勃起するのが正常です。要するにレム睡眠、夢を見ているときは健康な人なら必ず勃起するんです。昼寝のときだってそう。

宋：EDの人は、朝勃ちもなくなりますか？

永井：そうですね。朝勃ちも夜間勃起のひとつですが、これが非常に大切。なぜかといえば、陰茎海綿体に動脈の血液が送り込まれることによって勃起が起きる、その動脈血は酸素が豊富です。動脈血が陰茎海綿体に入っていかないと、陰茎海綿体は低酸素状態に陥ります。そうなると海綿体の組織が傷んでくるわけです。海綿体は筋肉でできていて、その自力で勃起するだけの筋肉量が減ってくるから、だんだん悪くなってくる。だから夜間勃起というのは、非常に重要な有酸素運動なんですよ。

宋：では、時間帯が不規則な、昼夜関係のない仕事をしている人というのは結構不利ですよね。多くの医療者もそうですが……。

永井：そうかもしれないですね。でもそういう人は仮眠をとったときに、多分勃起をしているはずです。

宋：うつとＥＤの関係も、昨今取り沙汰されていますが。

永井：うつの人は精神的に性欲が減退して、その気になれず、勃起しないのです。また、うつで眠りも浅くなるため、レム睡眠が障害されて勃起が起きなくなるという仕組みです。薬の副作用もあります。

宋：では、糖尿とＥＤの関係というのは？

永井：これは明らかに末梢神経障害ですね。それと血管系にも影響があって、動脈硬化な

→ ヤバイです。ある調査では、ネット販売していたED治療薬の55%が偽物でした。

どの危険性も高いから、それで起きます。

宋：つまり、メタボリックシンドローム予備軍はED予備軍とも言えるのでしょうか？

永井：そうですね。肥満は本当に大敵です。

宋：あと、男性ホルモンから見れば、薄毛の人とEDというのも関係あるのでしょうか？

永井：いわゆるAGA（エージーエー：男性型脱毛症）のことですね。これに関しては、僕は逆だと考えています。薄毛の人は男性ホルモンの値が高いから、だんだん禿《は》げてくるのであって、男性ホルモンの値が低い人って実はあんまり禿げないものです。もちろん一概には言えませんけれども。

宋：なるほど。どうしたって加齢とともにリスクは増えますよね。男性も女性も。そうしたなかで、体位のバリエーションを変えることで熟年の方たちがマンネリのセックスを脱却するのは素敵なことです。ただ、若い頃ほどアクロバティックな体位を挑戦しようとは思わないですよね。

永井：そうですね。それに、長年連れ添った奥さんと今さら、激しい体位に挑戦しようとする熟年カップルはあまりいないでしょう。たまに、「妻だけEDになりました」という患者さんが来ますが、そんな病気はありませんよ……。

宋：ある雑誌で、熟年夫婦におすすめの体位を紹介していたのですが、どれも相手の顔が見えない体位ばかりだったんです。相手のお尻が目の前にあっても、顔が見えなければ新鮮な気持ちを取り戻せるというのも、ちょっとせつない話ですが。

永井：たとえ顔が見えない体位でも、相手が悦んでいるのを察することができれば、すごく嬉しいことだと思いますけどね。あ、大事なことを言い忘れていました。ED治療のガイドラインの第一目的というのは、「満足のできるカップル・夫婦関係を回復すること」。これがED治療の第一義。

ED治療薬も万能ではありません。10～30%の患者さんには効果が見られなかったという調査もあります。

宋：つまり、不倫相手とセックスができてもダメだということですね？

永井：カップルなので、妻に限定するわけではありませんが、「満足のいく男女関係」を回復することが前提です。ワンナイト・ラブのために薬を乱用してはいけません。

宋：先ほど永井先生は、「そんな病気はない」と仰りましたが、ほかの女性では勃起するけれど、妻とはどうしても勃起しないという「妻だけＥＤ」の場合は、バイアグラを服用しても改善されそうもないですね。

永井：そういうケースは、心に何かトラウマを抱えている場合も多いのです。妻に対して何かしらの負い目を感じていたりね。泌尿器科だけでなく、精神科や心療内科を紹介して深層心理を診てもらいます。最近は、男性の更年期も注目されているテーマです。結局、男性が勃起できなければセックスは始まりませんから、パートナーのためにも、悩んでいる人は一度病院に相談してみたほうがいいですね。

宋：ＥＤは自分だけの問題ではないですからね。

永井：しかし射精を目的とせずに、ゆっくりと楽しめる方法は多くあります。刺激も少なく、体力・筋力的にもリスクが少なくて、長持ちしそうなやり方を見つけるのも熟年セックスを楽しむ秘訣かもしれません。

宋：男性の勃起力もそうですが、女性も歳を重ねてくるとだんだん濡れなくなってきます。乾くのも早くなります。悩んでいる年配の患者さんには私はローションをすすめています。だから男性も、「ローションを使うなんて！　俺のテクじゃ濡れないのか！」なんて絶対に言わないでほしいです。

ローションでいいセックスができれば、お互いがハッピーなはず。何年も同じ人とセックスをしていれば、どうしても飽きがくるのはお互い様でしょ？　相手のせいだけにしていたら、何も始まりません。あとは、シチュエーションプレイを楽しむことも大事ですよね。濡れることと脳の活動は密接に関係しているから。ＳＭっぽいプレイが濡れやすいと

→ 半年以内に脳卒中や心筋梗塞を起こした人、心臓や血圧の薬を飲んでいる人などもNGです。それ以外の人も、まずは必ず医師に相談を。

か、コスプレをしたいとか、たとえば『愛の不時着』ごっことか(笑)、女性にも趣味嗜好がそれぞれあるので。ちゃんと言葉にすることも必要です。

永井：確かに体の角度や大きさの相性だけではなく、設定の相性というのはあります。

宋：私が考えるに、体の相性、性器同士の相性を包括するセックスっていうのがあって、さらにそれを包括する普段のふたりの関係性っていうのがある。

永井：男性側も、普段は貞淑な女性がこういう体位で、こういう設定で燃えるのかという発見があると嬉しいですよ。昔からある日本の48手にも通じますよね。炬燵《こたつ》の下で、こっそり足でまさぐったりとかね。シチュエーションということにおいては、日本のほうが幅広いと思いますよ。西洋には宗教的なタブーが多いからでしょうけど。宋さん、日本では昔、フェラチオのことをなんて呼んでいたか知っています？

宋：えっ？　なんでしょう？

永井：「茎吸《くき》い」と言ったそうです。

宋：「竿《さお》」じゃなくて「茎」なんだ（笑）。なんだか文学的ですね。じゃあ、クンニリングスはなんて呼んでいたんだろう？　「貝舐め」とかかしら？

永井：昔の日本語の呼び名はイマジネーションをかきたてられますよね。葛飾北斎もそういう絵をたくさん描いていますしね。そうした、この国独自の想像力で楽しみ方はさらに広がります。

宋：あと、たまには場所を変えてセックスするのも大切。家のシミがついたソファでは座位はしたくないけど、ホテルのラグジュアリーなソファならしたいかなとか、夜景を見ながら抱かれたいなとか、女性は意外とそういう細かいことが気になるものなのです。

永井：そうなんですか。

→ よく言われているのが、牡蠣などの「亜鉛」を含んだ食べ物です。亜鉛はもともと精液の中に存在し、精子を元気にする働きがあります。

宋：でも、あんまり高級なホテルだとベッドもソファもふわふわしすぎていてダメ。どんなに男性が頑張って腰を振っても、衝撃がマットに吸収されてしまうので。ある程度硬さがあったほうがいいです。温泉旅館とかで、畳で、蕎麦《そば》殻の枕とかを腰に敷いたりするのもおすすめ。羽毛枕はちょっと弱い（笑）。

永井：そうなんですね。じゃあ、温泉旅館に行って、蕎麦殻の枕が出てきたら気をつけないといけないね（笑）。

宋：もちろんタオルを巻いてですよ。皆さん、モラルとマナーは守りましょうね！

♥ 男性の勃起力を助ける食べ物があったら教えてください。

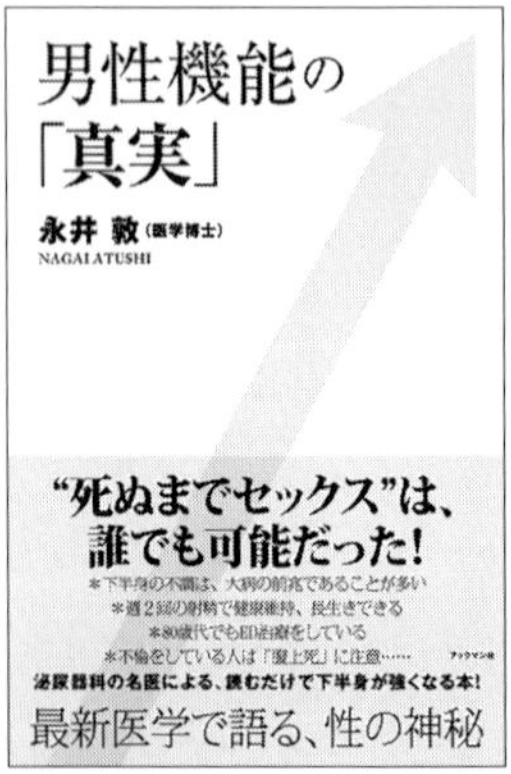

永井敦（ながいあつし）

医学博士。昭和57年岡山大学医学部卒業。同大付属病院にて医学部助手、医学部・歯学部講師を務めた後、平成18年に川崎医科大学泌尿器科教授に就任。現同科部長。前立腺肥大症をはじめ泌尿器科学を専門とし、できるだけQOLを落とさない最先端のレーザー治療や、腹腔鏡下手術などを取り入れた最新治療に取り組む。ED治療、メンズヘルスの第一人者として、各メディアで活躍中。ユーモラスで親しみやすい切り口で性機能を語ることに定評がある。著書に『男性機能の真実』、監修した本に『愛が深まるセックス体位365』（いずれも弊社刊）など。日本泌尿器科学会専門医・指導医、日本泌尿器内視鏡学会泌尿器腹腔鏡技術認定医、日本性機能学会専門医、日本性科学会認定セックス・セラピスト。

Chapter 10

何歳になっても本当に気持ちのいいセックスは可能です

〜熟年期セックスの理想と現実〜

人間に対する知識が深まってくるというのは、
老いの楽しみでなくてなんだというのだろう。
——田辺聖子

10-1 長くなった老後と熟年世代のセックスライフ

日本人の平均寿命は、2019年の時点で男性81・4歳、女性87・4歳。世界保健機関（WHO）の発表によると、男女ともに世界トップレベルの長寿国です。1950年時点と比較すると、平均して約20年も寿命が延びています。老後が長くなったという表現をされることもありますが、それはつまり、夫婦ふたりですごす時間がとても長くなったということでもあります。

仕事や子育てに追われていた時期から、一段落ついた熟年期。時間的、精神的にゆとりができ、子どもたちも巣立ち、さあ、あらためて夫と、妻と向きあおうとする時期。旅行に出かけたり、新しい趣味を見つけたりする夫婦も多いようですが、ふたりですごす長い時間のなかには、セックスが含まれることもあるでしょう。**そしてこの熟年期こそ、これまでふたりがどんなセックスをしてきたか、またはセックスを通してどんな関係を築**

いてきたかの答えが出る時期でもあるのです。

日ごろから会話やインタラクティブ（双方向的）な触れあいを大事にしてきた夫婦にとって、セックスはこれまで欠かすことのできないコミュニケーション手段だったはずです。年齢を重ねれば、情熱の度合いや触れあい方が自ずと若いころとは違ったものになりますが、互いの肌に触れるという行為そのものが、夫婦にとって大きな意味を持つことには変わりがないと思われます。こうした関係がすでに築けていれば、いくつになってもふたりで一緒になって、体力や体調にあわせた触れあい方を、模索していくことができるでしょう。

一方、これまでセックスライフに問題を抱えてきた夫婦は、厳しい現実を突きつけられることになるかもしれません。身勝手な愛撫や、一方的な拒絶といった、コミュニケーションの成り立たないセックスを繰り返してきたとなると、夫婦のどちらか、もしくは両者が「もうセックスはしたくない」という結論を出してもなんの不思議もありません。ちょうどいいことに……というと皮肉になりますが、肉体にも変化が現れます。女性は閉経を境に濡れにくくなり、男性も年を取るにつれ、思うように勃起しなくなります。セックスを引退したい人にとって、年齢はまたとない理由になるのです。

こうなったときにお互いが「もう年だから」と思えるのであれば、それはそれで自然なことです。セックスがなくなっても、共通の趣味などを通じて心を通いあわせることができれば、行く手には幸せな老後が待っているでしょう。でも、夫婦のどちらか片方が「まだ現役でいたい」「今後もふたりでセックスをしたい」と思っているのに、パートナーから引退を宣告されると、夫婦間がぎくしゃくしたり、ふたりのあいだに壁ができてしまったりするかもしれません。そうなったとき、まずはセックスにおける自分自身の態度や意識をあらためて振り返ってみるといいでしょう。相手の引退の原因が、肉体の変化にあると同時に、過去の自分自身にもある可能性は少なくありません。

熟年期のセックスは、ふたりの関係における集大成のようなもの。よくも悪くも、ふたりの関係、夫婦のあり方を見直すきっかけになるはずです。**いくつになっても本当に気持ちのいいセックスを追求し続けられる夫婦は、とても素敵だと思います。交わり方を工夫すれば、男女とも生涯現役で楽しむことだって不可能ではありません。**

先ほどの対談で永井先生が、泌尿器科には80代でもセックスを現役で頑張っている人がやって来ると仰っていましたが、産婦人科の外来では、70歳をすぎても現役でセックスをしているご婦人と出合うことがあります。彼女たちに共通するのは、無理な若作りをして

→ ズバリ「感じない」と言うよりもセックスの最中に自分がどうして欲しいのかをさりげなく伝えていきましょう。

いるわけではないのに、とてもハツラツとしていて、装いにも気を配っていること。その様子から、人生そのものを謳歌していることが伝わってきます。きっとこれまでも、パートナーと素敵な人間関係を築いてこられたのでしょう。豊かなセックスライフが、豊かな熟年ライフに結びついているその姿は、中年世代にも希望を与えてくれます。

10-2 熟年期に一度リセットして新たな夫婦関係を築く

「何も熟年になってまで、そんなにセックスにこだわらなくてもいいじゃないか」という人もいるでしょう。むしろ、こちらが多数派かもしれません。たしかに、人間も動物の一種と考えると、熟年期には生殖の時期がすでに終わっているわけですから、もうセックスをする必要はなくなっています。

ですが、人間は唯一、愛情表現やコミュニケーションのためにセックスをする生き物でもあります。夫婦ふたりに残されたたくさんの時間を、より親密にすごすためには、セッ

♥ 一度も夫のセックスで感じたことがありません。でもそれを伝える勇気もありません。

クスという性的コミュニケーションを実践することは、きっとプラスに働くでしょう。お互いの素肌に触れあう習慣を忘れずにいることで、長い老後を仲睦まじくすごせる可能性もいっそう高まります。

では、**これまでセックスを楽しいと思えなかった人たちは、この素敵な熟年ライフを諦めなければならないのでしょうか？** そんなことはありません。実は、身勝手な愛撫を我慢してきた女性たちにとって、熟年期はパートナーに変化を促す最後のチャンスなのです。セックスの最中、こんなふうに言ってみましょう。

「閉経して女性ホルモンのバランスが変化したせいか、セックスのときの感じ方が前とは変わってきたみたい。今までどおりだと痛いから、触れ方を変えてほしいの」「お互いもう若くないんだから、無理のない新しい体位をふたりで考えましょうよ」

女性は閉経を迎える前後から、生殖の時期が終わったことを身をもって知らせるかのように、膣や子宮などが大きく変化します。女性の身体は男性にとってミステリアスに映るのか、若いころはなかなか理解できないようです。しかし熟年期に入ると、男性も女性ほど劇的ではないものの、ゆるやかな坂を下るように体力が落ち、身体が思うように動かなくなっていきます。ともに老いてきた女性の身体も労ることができるようになっているで

→ 「したい」という気持ちがお互いあるのなら、試さない手はありません。まずは、裸で抱き合うところから始めてみては？

しょう。

これまでの楽しくなかったセックスは、一度忘れてください。若いころにどんなことをしていたかはさておき、〝今の私とあなた〟にとって、いちばんいいセックスを一緒に考えてほしいと女性から提案しましょう。お互いの身体と気持ちを思いやる余裕ができる年齢になって初めて、インタラクティブなセックスが実現するとしたら、それはとても素敵なことだと思います。熟年期を迎えたのを機に一度リセットすれば、その先に10年、20年と楽しい夫婦生活が待っているのです。

10-3 熟年期女性が陥る心身の不調とセックス離れ

女性の身体的変化は、閉経とともに始まります。

その時期は平均して45～55歳と幅広く、個人差があります。毎月訪れていた月経がいきなりストップするわけではなく、最初はそのリズムが乱れがちになります。2～3カ月に

♥ 50代で久しぶりに新しい彼ができました。でも…今から初めての人とするのが怖いです。

1度から、半年に1度程度になるというように、間隔が次第に長くなり、最終的に1年以上月経がなければ、初めて閉経とみなされます。

閉経と前後して〝更年期〟と呼ばれる時期が訪れます。卵巣が寿命を迎え、その活動を停止することによって、ありとあらゆる不調が女性を襲います。いわゆる更年期障害です。ホットフラッシュといって突然のぼせたり、不眠や耳鳴り、うつ症状が起きたり……症状の重さや期間には個人差がありますが、日常生活に支障をきたす人も少なくありません。

セックスに関する変化でいうと、性交痛を訴える人が急増します。文字どおり、指やペニスを受け入れるとき膣に痛みが走る症状で、膣が萎縮して愛液が分泌されず、濡れにくくなるために起こるものです。

閉経前の、若い状態の膣には、無数の血管がびっしりと張り巡らされています。この血管を通して栄養が運ばれるため、膣壁は常にみずみずしく潤った状態に保たれています。〝濡れる〟というのは、この栄養血管から粘膜の上に水分が染み出していく現象を指しています。閉経後、この血管は次第に細くなり、消滅し、数がまばらになっていきます。月経が終わり、妊娠する可能性もなくなったため、膣が〝お休み〟するというわけです。結果として、愛撫を受けても膣は濡れにくくなります。

→ 挿入時の痛みは萎縮性膣炎によるものかもしれません。ホルモン補充療法（HRT）が効果的ですが、他の病気の可能性もありますから早めに婦人科へ！

無理にペニスを挿入すると膣に耐えがたい痛みが走り、ひどい場合には傷がつくこともあるでしょう。セックスが苦痛になり、これを機に引退してしまおうと考えるのも自然の流れかもしれません。その一方で、パートナーに求められるため、痛みをこらえつつ仕方なく性生活を続けるという人もいるようです。楽しみを諦めるにしろ、苦痛に耐えるにしろ、人生における悦びがひとつ減ってしまうことには変わりありません。

このつらい問題を解決する方法のひとつに、ホルモン補充療法（ＨＲＴ＝Hormone Replacement Therapy）があります。加齢とともに分泌されなくなった女性ホルモンを体内にプラスするという治療法で、欧米では盛んに行われています。

濡れなくなった、または挿入時に痛みが走るようになったなどの局所的な悩みには、膣に入れる錠剤タイプが効果的です。これによって膣に栄養を運ぶ血管が再び行き渡るようになるため、潤いが復活し、セックスがスムーズに行えるようになります。全身に作用するものとしては、経口タイプのほか、肌に塗布するタイプやパッチタイプもあり、いずれも婦人科でホルモン値を検査したうえで手軽に利用できます。

ＨＲＴで若さを取り戻すのは、膣だけではありません。更年期障害のつらい諸症状が改善され、肌や髪にもツヤが戻ってくるため、美容の世界からも大いに注目を集めています。

♥ ローションを使っていますが、それでも年のせいか挿入されると痛いです。

おしゃれをして外出したい、夫や異性から素敵だと思われたい……と気分が前向きになり、女性としての魅力も増すでしょう。

そんな張りあいが、夫婦生活やセックスライフにもよい影響を与えてくれることは間違いありません。また、コレステロール値が低下し、老後の骨折のリスクにもなる骨粗鬆症が改善されるという、嬉しい効果もあります。

しかし、日本では欧米に比べてまだまだHRTに偏見があるようで、普及が遅れています。その裏には副作用への根強い不安があるようです。実際、日本よりも早くからHRTを積極的に取り入れている米国では、乳がんの罹患率がわずかに増えるという報告がありました。しかし、定期的に検診を受けていれば問題にならない程度の増加率です。ほかにも、血栓症や肝機能障害になる可能性が高まったり、不正出血が増え、筋腫が大きくなる可能性が増えたりということも、諸外国では指摘されています。

一方で、2008年に日本人女性を対象として行われた大規模調査では、乳がんのリスクを高めるという結果は算出されず、反対に、つらい症状が明らかに改善する効果が認められました。**総体的に見れば、HRTを行うメリットは、そこで起きるかもしれないデメリットをはるかに上回ります。数年間に及ぶかもしれない憂うつな時期を、快適に乗り切**

→ 更年期だからと不調を棚上げにしてしまうのはダメです。子宮の病気の可能性もあります。早めに婦人科へ！

るための手段として、検討するのは悪いことではありません。

熟年期の女性は、子宮にも変化が起きます。女性ホルモンの分泌量が低下するのにともない、若いころには鶏卵くらいの大きさだった子宮が、萎縮して小さくなるのです。同時に子宮を支えていた靭帯《じんたい》が緩み、子宮の重さを支えきれなくなります。結果として子宮脱や尿漏れが起きます。これは多産の女性ほど症状が重くなる傾向にあります。

こうした子宮の下降もＨＲＴによって回復しますが、キーゲル体操（１２４ページ）が最も有効です。子宮脱や尿漏れなど、熟年期の女性特有の悩みも同時に予防できるため、まさに一石二鳥。毎日のちょっとした空き時間を利用して、エクササイズするといいでしょう。

熟年期特有のトラブルについて、ひとりで悩まなければいけないとなると、つらく孤独な時間をすごすことになるでしょう。しかし、日本にはまだセックスについての悩みを病院で相談するという習慣が根づいていません。そのため、ネットのいかがわしい情報を信じてしまう人も……。特に年配の女性ほどその傾向が強いように思いますが、それは私たち医師にも責任があると思います。

医師から聞かれてもいないのに、患者さんがセックスについての話を自ら切り出すというのは、容易なことではありません。医師が「この年代の女性はもうしていないだろう」と勝手に決めつけている場合は、なおさらです。その年齢でセックスをしているのが悪いこと、恥ずかしいことのように思えて、患者さんはますます口をつぐんでしまいます。

私自身にもこんな経験がありました。別の医師から引き継いだ50代の女性患者さんに、性器の放射線治療後のフォローをしたときのことです。

彼女がどうしようもないほど痛がるので、小さな器具を使ってそっとそっと作業を進めました。そのときに何気なく「こんなに痛むなら、セックスのときつらくないですか？」と尋ねたところ、彼女はワッと泣き出したのです。「そういう悩み、ここで聞いていいんですか？」というので詳しく聞いてみると、病気を治すのを最優先にすべきときにセックスについて相談するなんて非常識だと思われそうで、ずっと口を閉ざしていたと話してくれました。


年をとったから、病気の治療中だから、という理由でセックスを諦めるのは、とてももったいないことです。「いくつになっても自分の歯でおいしいものを食べたい」と思うように、「いつまでも健康な体でセックスを楽しみたい」と思うのは、とても人間的な感

→ 強がる中高年はたくさんいます。「セックスよりあなたの健康が心配だから、一度専門医に行って」と伝えてみては？

情です。医師もそんな声に積極的に耳を傾けていく時代ではないでしょうか。セックスについて前向きに考えるのは、恥ずかしいことではありません。悩んだときは、女性であれば婦人科に気軽に相談してください。

10-4
女性だけではない。男性にもある更年期障害

更年期障害に悩まされるのは女性だけと思われがちですが、実は男性にもその症状が現れることが、近年、明らかにされつつあります。正式名称は、加齢男性性腺機能低下症候群（LOH = Late-Onset Hypogonadism syndrome）といいます。

40歳をすぎると男性ホルモンの一種であるテストステロンの分泌量は約1％ずつ減少し始めます。60～80代の男性の約20％は、その分泌量が基準値を下回っています。

それによって現れる症状は、無気力になる、常に疲れを感じる、抑うつ状態になる、不眠、集中できない、イライラするといった精神的なもののほか、汗をたくさんかく、顔が

ほてる、身体が冷える、耳鳴り、頭痛、肩こり、目まいなど身体的なものもあり、いずれも女性の更年期障害の諸症状ととてもよく似ています。男性固有の症状としては、性欲が低下したり、勃起不全（ＥＤ）に代表される性機能障害も出てきます。

昨今は、男性タレントがこの症状に苦しんだ経験をカミングアウトしたこともあり、少しずつではありますが認知されてきているようです。ただ、まだ一般的な概念とはいえないうえ、うつ病と見分けるのが非常に難しいため、それほど治療が進んでいないのが現状です。身に覚えがある場合は、一度、泌尿器科を受診するといいでしょう。都市部では男性更年期外来が用意されている病院も増えてきており、今後ますます増設されることが期待されます。診断は、血液中のテストステロン値を測定することから始まります。

LOHや、その症状としてのEDは、メタボリックシンドロームと密接な関係があります。テストステロン値が低い男性は、基準値の男性と比べて、メタボリックシンドロームになるリスクが3倍になることがわかっています。これとは逆に、男性にテストステロンを補充すると体脂肪が減ったり、糖の代謝がよくなったりします。このことから、メタボリックシンドロームの予防、および治療において、テストステロン補充療法は有効とされています。

→ まず、婦人科で血液検査を。ホルモン値などを計ります。足りていなかったホルモンを補充したりするのが、更年期障害の治療の基本です。

さらに、運動をした直後に、テストステロン値が一時的に上がるという報告があります。運動とテストステロン分泌量との関連性がより具体的に明らかになれば、LOHやEDのみならず、糖尿病や高血圧の対策にも役立つため、今後さらに研究が進むことが期待されています。

気になる男性は、毎日の通勤に片道15分、往復で30分ほどのウォーキングを取り入れる、または、1日に歩く量を2000歩ほど増やしてみるといいでしょう。週に2度ほどジムやプールで汗を流したり、週末はハイキングに出かけたりするのも有効です。こうした適度なエクササイズはLOHだけでなく、心身の健康にもトータルでよい影響を与えるため、積極的に取り入れてみましょう。カップルでできたら尚いいですね。

10-5 勃たなくなる日は誰にでも必ず訪れます

熟年期の男性に訪れる、最も顕著な肉体的変化といえば、いうまでもなく勃起力の低下です。海外の性科学会で紹介されたイラストがあります（次頁）。ユーモラスでいながら、男性にとっての厳しい現実をよく表していますね。

イラストを見てもわかるように、年を重ねるごとに勃起の角度は落ちていきます。けれど、それだけなら、セックスをするうえで、それほど支障はありません。問題は、勃たなくなったときです。ある日突然、ペニスがまったく反応しなくなるというのではなく、兆しは徐々に現れます。性的興奮はあるのに勃つ気配がない、女性に挿入しようとすると萎えてしまう、挿入できても途中で元気がなくなってしまう……。勃起しない、および射精まで勃起を維持できない状態をＥＤ（Erectile Dysfunction ＝勃起不全）といいます。

現在、国内のＥＤ患者は１１３０万人、世界では１億５２００万人と推計されています。

→ 硬さを追求することがED治療薬の目的ではありません。硬くなくとも、満足いくセックスは、本書を読めば可能です。

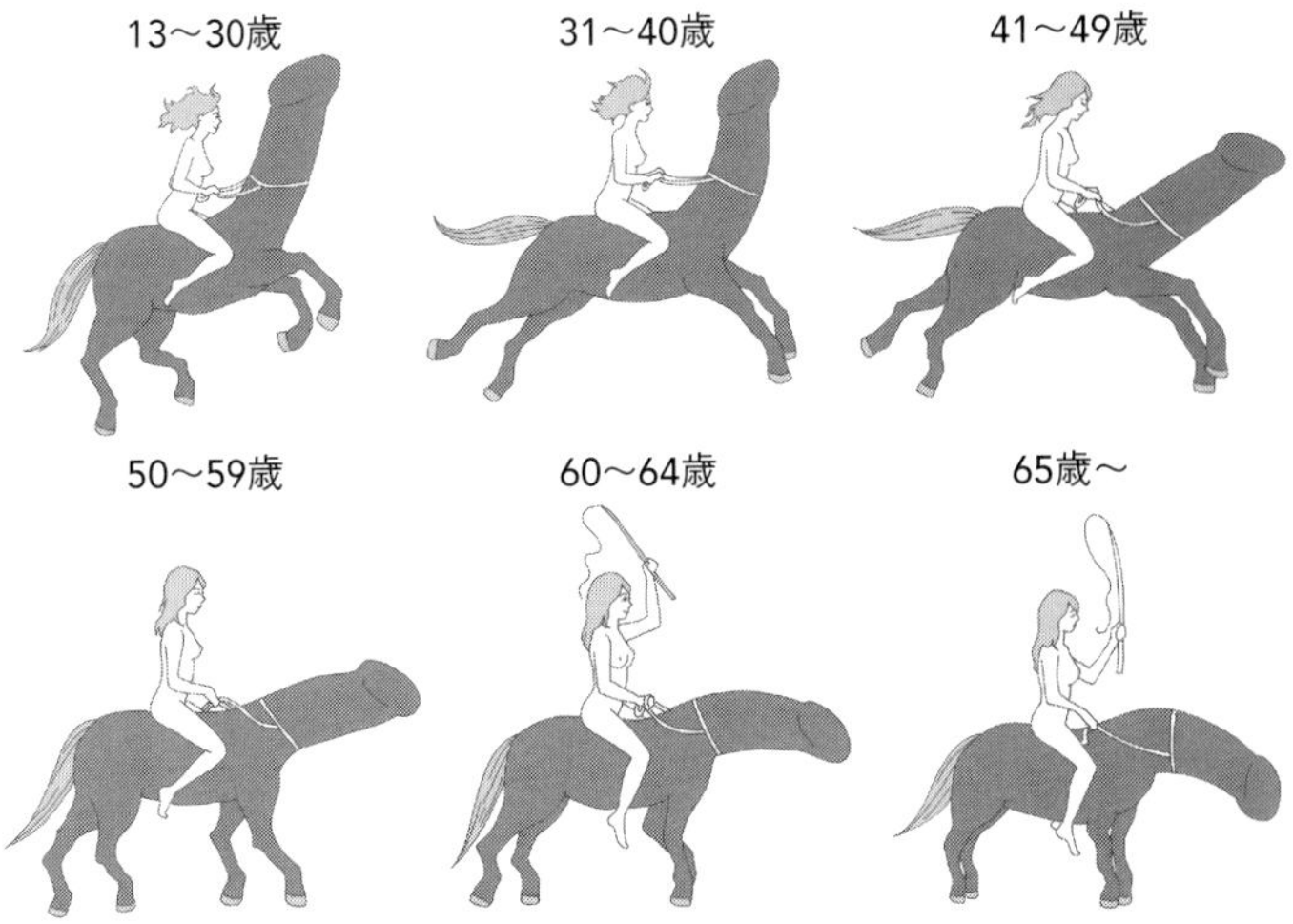

これが２０２５年までには倍増し、３億２００万人にまでのぼるといわれています。世界的な高齢化が加速するのが主な原因ではありますが、こうなるとＥＤは現代病のひとつ。特に、珍しいものではなくなるでしょう。ほとんどの男性が、いずれ向きあうべき問題です。そのなかでも日本の40～70代男性のＥＤ率は34％と、諸外国より高めです。これは、メタボリックシンドロームや軽度のうつ病など、日本人男性が心身の健康を損ないがちであることと、無関係ではないように思われます。

50歳を超えるころから徐々に兆候が見られるようになりますが、かといってＥＤは熟年期の男性だけがなるものではありませ

♥ 60代夫がED治療薬を服用し、セックスを再開しましたが、正直、硬さに不満が残ります。

自分に当てはまる項目をすべて選んでください(複数回答可)

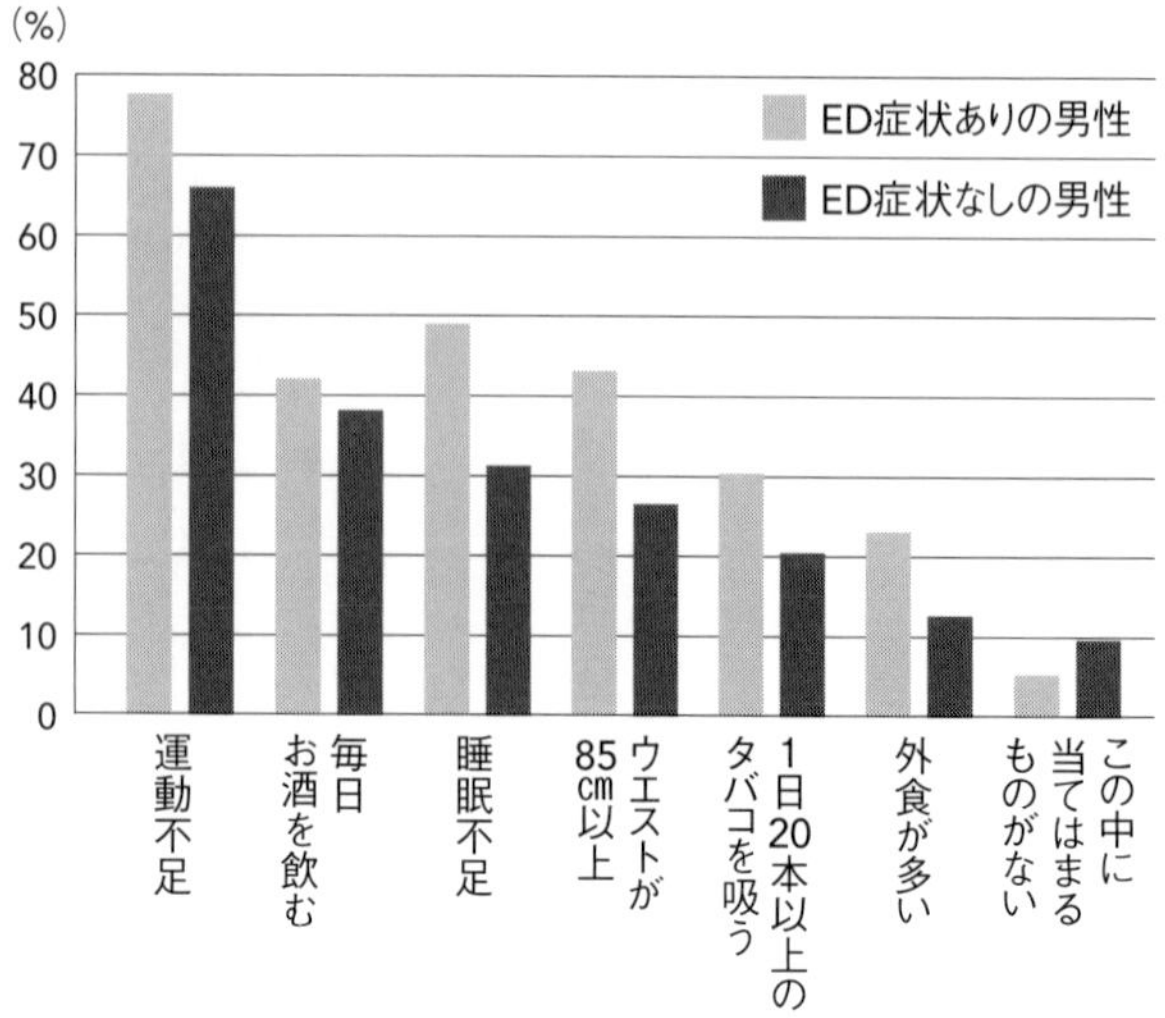

ん。強いストレスを受け、飲酒、喫煙、運動不足、睡眠不足、不規則な食生活など、生活面で問題を抱えていれば、20代でも30代でもＥＤになる可能性があります。朝起きたときにペニスが大きくなっている、いわゆる朝勃ちがなくなったら、ＥＤのサインだと思いましょう。

ＥＤ症状がある男性と、ない男性にふだんの生活について調査した結果、「運動不足」「毎日お酒を飲む」などの項目でＥＤ症状「あり」の男性が、「なし」の男性を大きく上回りました。これらは生活習慣病にもつながる行動で、実際、メタボリックシンドロームの男性は年齢を問わず、ＥＤになる確率が高いことが

→ 気の利いた言葉でなくていいのです！「きれいだ」「うれしい」「よかった」この３語だけでも、気持ちがあればOK！

わかっています。日ごろから健康的な生活を心がけていれば、生活習慣病とEDの両方を防げるというわけです。

勃起力の低下は、男性ホルモンの減少にももちろん原因があります。性欲を司っているテストステロンは、筋肉とも密接な関わりがあります。熟年期になると、このホルモンの分泌が減るため、性欲が減退し、筋肉も弱まります。これと同時に、勃起をコントロールするオーガズム筋も弱まり、さまざまな影響が出てきます。

放尿時にキレが悪くなるというのもそのひとつですが、勃起の角度が落ちる、射精のときに勢いがなくなり精液が飛ばなくなるという現象も見られます。女性も尿漏れや子宮脱など、筋力低下によってさまざまな不調に見舞われますが、**男性にだって他人事ではなく、似たようなことが起きるのです。年をとって身体が変化するのは、お互いさまと考えましょう。**「ババアとなんてできないよ」とパートナーを揶揄《やゆ》しているあなたも、間違いなくジジイです。

この困った現象は、オーガズム筋を鍛えるトレーニングで、ある程度カバーできます。女性のキーゲル体操と同じ要領ですが、男性に膣はないので、代わりに肛門を締めて下腹部を引き上げるようにして筋力をアップします。

10-6 EDはパートナーに打ち明けて、病院に行って治すもの

男性にとって〝勃たない〟というのは由々しき問題のようで、アイデンティティの危機にまで発展することもあります。「EDを初めて自覚したときショックでしたか？」という問いには、「とてもショックだった」「まあまあショックだった」と回答した人が大多数を占めました。年齢による差はそれほどなく、「〇歳になったから、もう勃たなくてもいいや……」と考える男性が、あまりいないということがわかります。

さらにその気持ちを掘り下げて調べた結果を見ると、EDを自覚したのを機に「老いを実感した」「男性としての自分に自信をなくした」と、人生そのものに対して消極的な気分にさえなるようです。ペニスに頼りきり、ひたすら挿入を重視したセックスをしてきた人にとっては〝勃たない〟〝勃起を思いどおりにコントロールできない〟ということは、大きな喪失感をともなうものでしょう。

EDを初めて自覚したときはショックでしたか?
（EDの自覚がある男性を対象に）

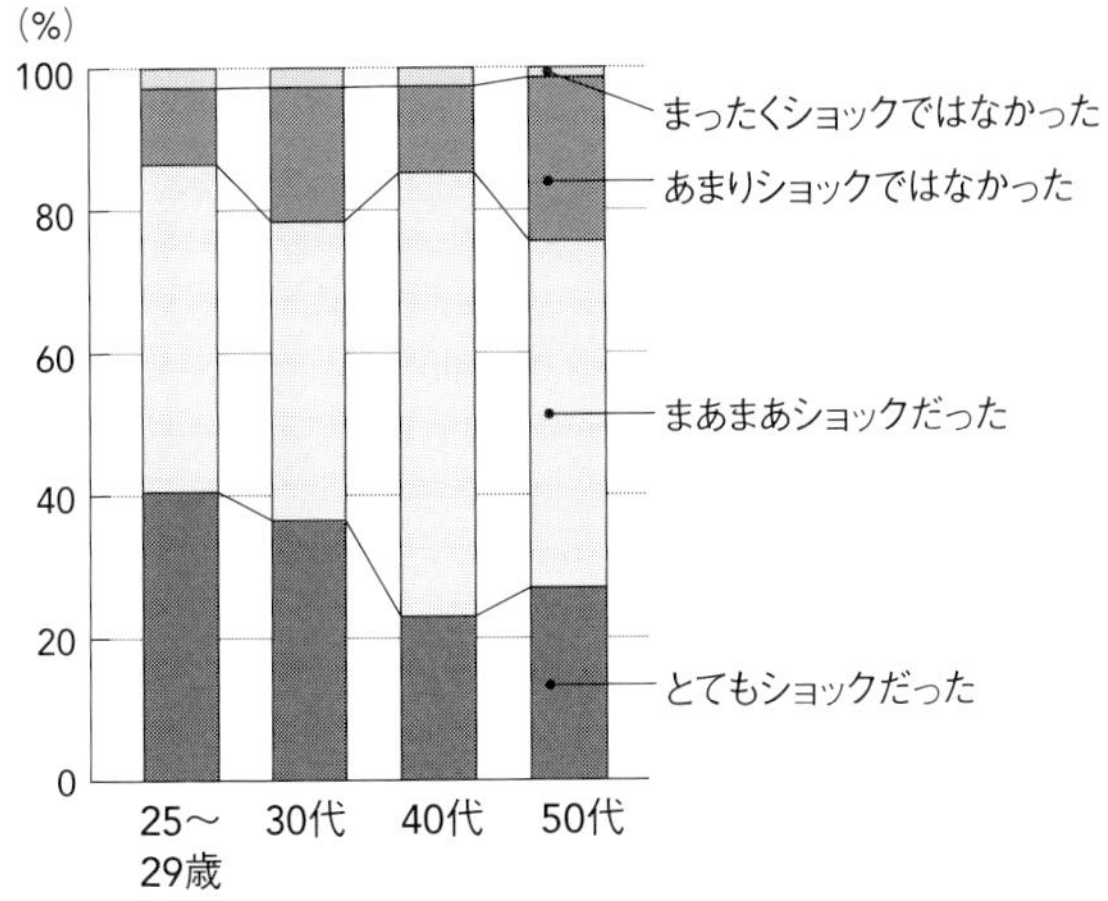

EDを自覚してから、どのような心境の変化がありましたか?
（EDの自覚がある男性を対象に）

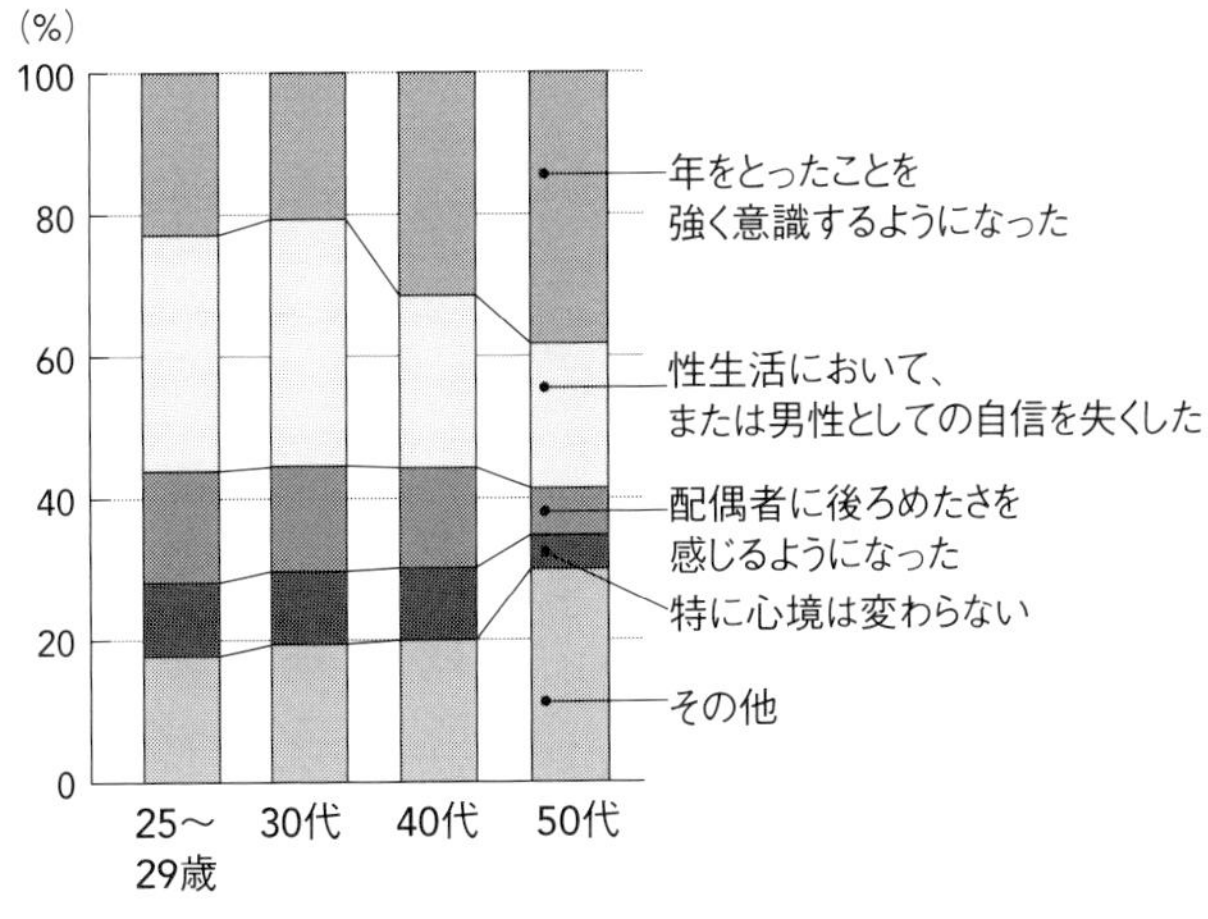

配偶者のEDを自覚してから、配偶者に対してどのように感じるようになりましたか？（女性を対象に、複数回答可）

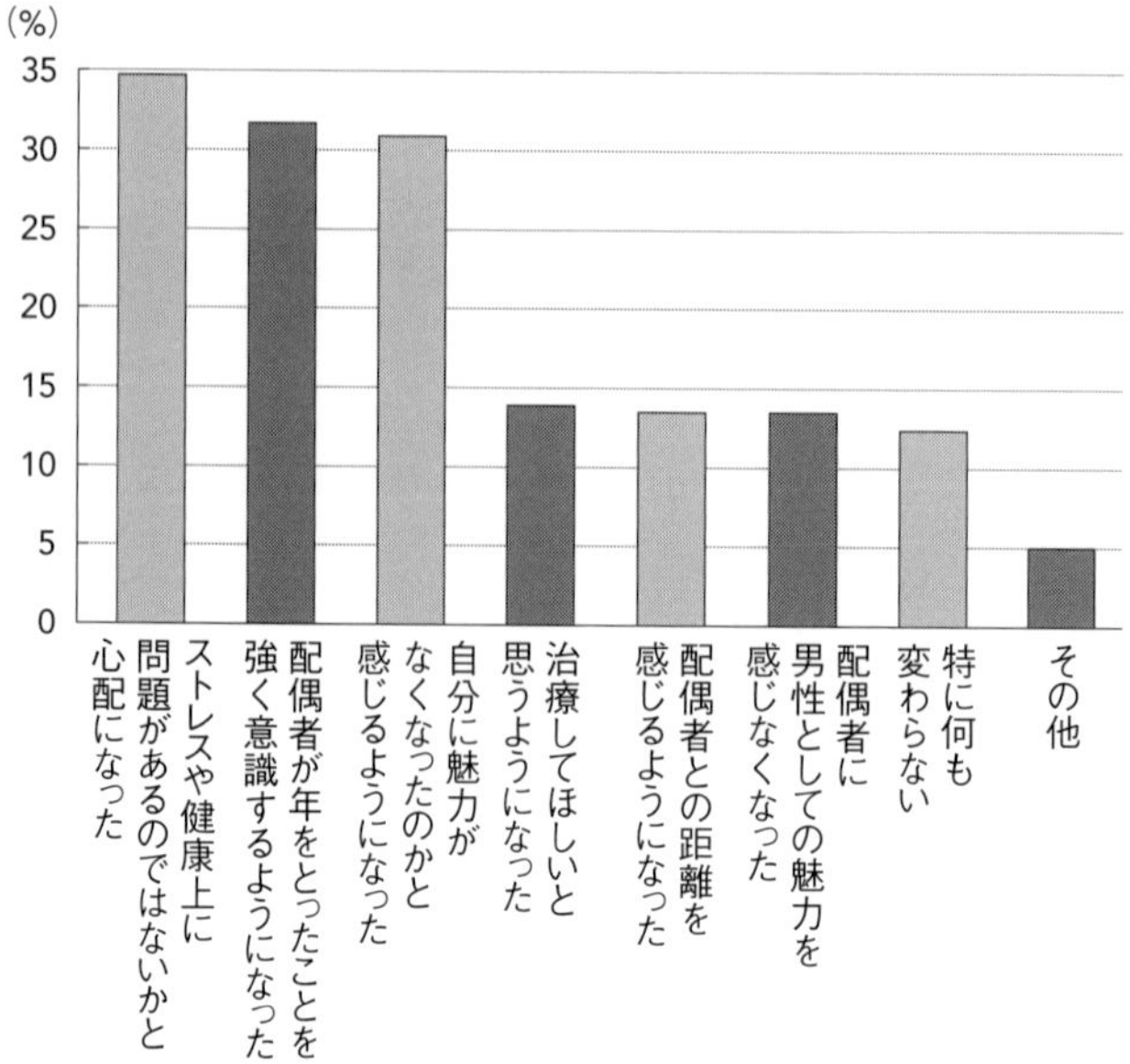

配偶者がEDになった時、どのように自分に接してほしいですか？
（女性を対象に）

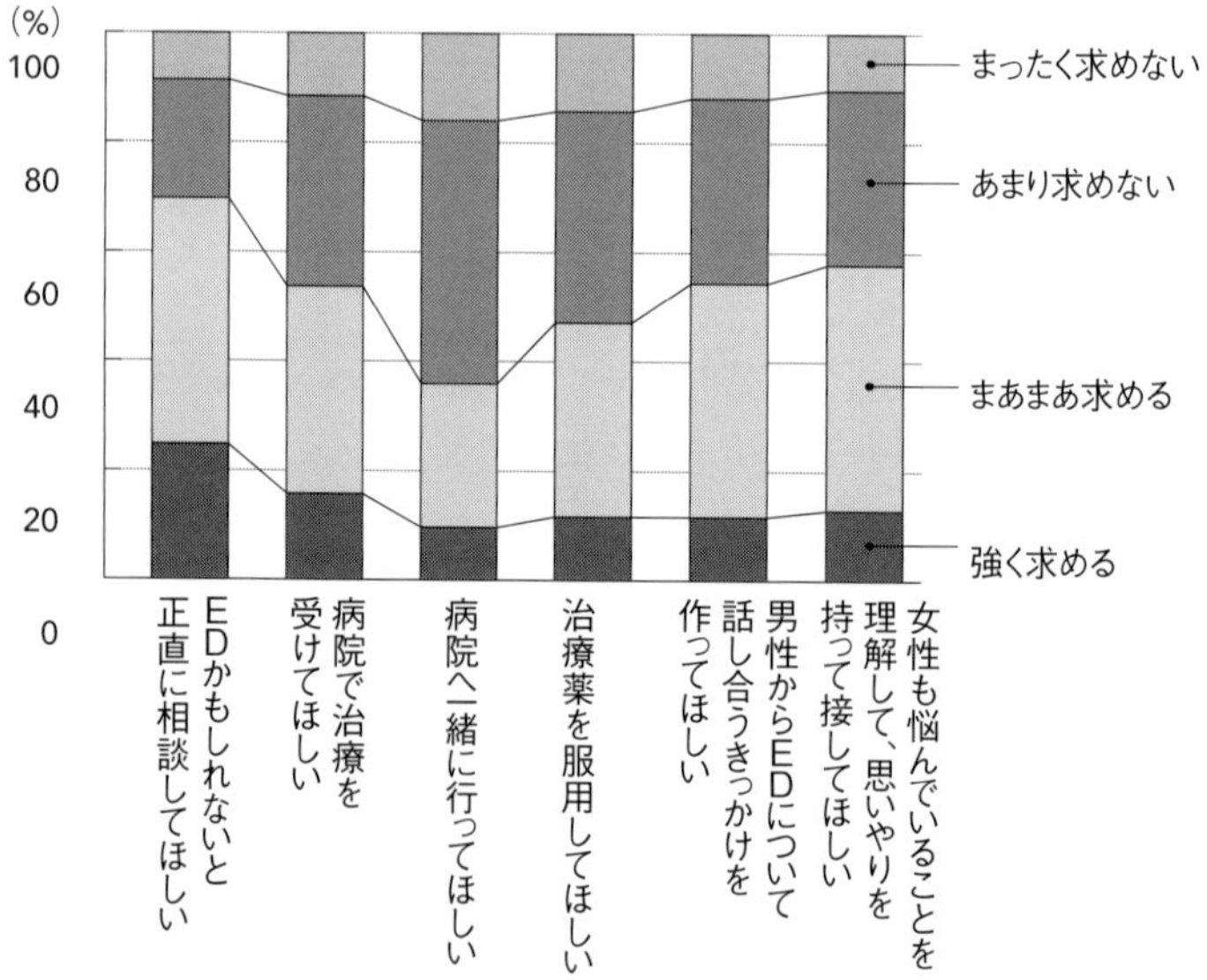

そんな男性には、パートナーである女性があなたのEDをどう思っているかを、ぜひ知ってほしいと思います。EDを自覚した配偶者をどう思うかを調査したアンケート結果に注目してください。「ストレスや健康上に問題があるのではないかと心配になった」「配偶者が年をとったことを強く意識するようになった」と相手を気遣う反応が上位を占めています。

また、「配偶者がEDになったとき、どのように自分に接してほしいですか」という問いに対しては、「EDかもしれないと正直に相談してほしい」と思っている女性が、「強く求める」「まあまあ求める」をあわせると、多数にのぼりました。男性が思うほど、女性はパートナーの性的機能低下に固執していません。それよりも心身の健康を心配し、一緒に乗り越えていきたいと感じているようです。

自分がEDかもしれないと自覚したら、まずはパートナーに打ち明けること。これまでいい関係を築いてきたのなら、女性は確実にそれを受け入れてくれます。

恥ずかしいからといって隠していては、急にセックスライフが途切れたことによって、女性は「もう私に愛情がないのでは？」「ほかで浮気をしているのではないか？」と不信感を抱いたり、「どこか身体が悪いのではないか？」といたずらに不安になったりするだけ。EDとは男性ひとりの問題ではなく、夫婦ふたりの問題なのです。

そして泌尿器科や専門医院で相談し、適切な治療に取り組むことが大事です。病院では触診はなく、下着を脱ぐ必要すらありません。主に問診によってEDの原因を探り、薬を処方します。場合によっては、血液検査や血圧測定、心電図の検査をすることもありますから、他の病気を見つけてくれることも。

インターネット上には、国内外の薬が多数、出回っていますが、なかには正規の医薬品でないものも混ざっているので、注意してください。薬には副作用がありますから、自己判断は危険です。同じく効果が謳われているサプリメントや健康食品も、過信は禁物。根本的な治療を目指すなら、病院での治療が必須です。

10-7 熟年期セックスの挿入は激しさよりも密着感を重視

加齢によって性交痛が始まったり、ペニスが勃たなくなったり……身体が思うようにな

→ 現代医学では、人間にはフェロモンはないとされています。ホルモンとはまったく関係のないものですよ。

らないという以前に、セックスに対する欲望そのものを感じないと悩む人がいます。

年とともに性欲が薄れるのは、自然なことですが、このことが原因でパートナーの誘いを半永久的に受け入れる気になれず、ふたりの関係に悪影響を及ぼすということもあるでしょう。自分に言い聞かせ、気持ちを奮い立たせてがんばったところで、欲求は湧き上がってはきません。性欲の減退の理由のほとんどは、精神的な問題ではなく、ホルモン、特にテストステロン値の低下による現象だからです。

これに対するテストステロン補充療法は、先にもご紹介した通り日本においてはまだ一般的ではありません。しかし、効果が期待できるので、いずれ国内でも広く利用できるようになることを期待したいと思います。欧米では、注射以外にも、パッチやジェルで補充する方法が採用されています。

女性の場合は、更年期にともなって性欲が衰えるケースと、増進するケースに二分されるようです。まだ更年期にさしかかっていない女性の場合、排卵後に分泌されるプロゲステロンは、月経がはじまる直前にその量が急激に減ります。このプロゲステロンには、性欲を抑える働きがあるといわれています。月経が近くなるにつれ、テストステロンの量も減りますが、抑制するプロゲステロンの値も低くなることで、相対的にテストステロンが高くなり、性欲を感じるのではないかという説があります。

閉経を機に、女性ホルモンのエストロゲン、プロゲステロンはともに分泌量が激減しますが、テストステロンは男性と同じく、年齢にしたがって少しずつ減っていくにすぎません。結果的に、テストステロンの占める比率が増えるため、性欲がアップするとされています。しかし、それまでセックスにさほど関心を持ってこなかった女性が、ホルモン分泌量に変化が生じるとはいえ、突然セックスを好きになるわけではありません。**熟年になっても性欲が衰えない人は、セックスが素敵な行為だとすでに知っている人です。肌と肌を重ねあわせるコミュニケーションの醍醐味を知っているからこそ、「いつまでもセックスをしたい」と感じるのです。**熟年期の性欲は、生理現象ではなく経験値に左右されるものと考えたほうが妥当でしょう。

このように、医療の力を借りて心身のケアをしながらセックスライフを継続していくことは可能ですが、それと同時に、セックスに対する考え方を変えることも大切です。

老いて身体の自由がきかなくなっているのは、自分だけではありません。あなたの隣を見てください。ともに歩んできたパートナーも同じように、不自由を感じています。お互いの老いを受け入れて、無理のない範囲でできるセックスをふたりで探究する時期がすで

→ まず、ご自分の家庭と相手の家庭を壊すような行為はやめましょう。そして、望まぬ妊娠と性感染症も要注意です。

に始まっているのです。

筋力や柔軟性が低下しているため、体位は無理のない体勢を選びます。アクロバティックな体位や、激しい腰のピストン運動が必要になる体位は、熟年にとってリスクが高く、ケガや事故の原因にしかなりません。ハードな交わりよりも、ふたりでつながっている一体感を重視した体位に目を向けてください。

最適なのは、うつぶせバック（165ページ）と側臥位です。どちらも長い時間をかけてゆったりとつながっていられます。激しく腰を動かすことができない体位なので、ケガを防げるうえ、体力をむやみに消耗することもありません。〝省エネ体位〟と言い換えてもいいでしょう。さらに、それぞれの体位には女性の感度を高めるオプションがあります。うつぶせバックでは男性が少し動いただけでも、女性のクリトリスが床やベッドに擦れますし、側臥位では男性の両手が自由になるため、背中ごしに手を伸ばしてクリトリスや乳首に触れることができます。ムードを盛り上げるには対面座位がいいでしょう（162ページ）。これもまた、お互い過度に体重をかけあうことも、体力を消費することもない省エネ体位で、気持ちと身体にゆとりをもって交接できます。体力面で余裕がある分、目を見つめあったり、会話をしたりといった、性器と性器をつなげる以外のコミュニケー

♥ 60代夫婦。妻はもう「絶対に嫌だ」と言います。それでも外でするのはいけませんか？

ションも大切にすることをおすすめします。　顔を見あわせる体位は、ふたりの精神的距離をぐっと縮めてくれます。さらに腰にかかる負担を減らしたいなら、支えとなる男性がソファの背や壁に上半身をあずけるといいでしょう。

熟年世代が避けたほうがいい体位は、騎乗位です。男性、女性のどちらがリードして動くにしろ腰への負担が大きく、必死になるあまり快感に集中しにくくなります。後背位も男性が大きく腰を動かす必要があるだけに、よほど体力に自信がないと危険です。

お互いに姿勢を保ちにくい体位をとると、身体のあちこちにダメージを受けるだけでなく、男性は〝陰茎折（いんけいせつ）〟が発生する可能性もあります。つまりペニスがポキッと折れて、言葉に尽くせないほどの痛みをともなう症状で、救急車を呼ぶことになります。実際には骨折のようなものではなく、海綿体を包んでいる白膜という固い膜がベリッとはがれるものです。これは手術をしなければ治らないもので、完治までにかなりの時間を要するので、その間、セックスはおあずけ。くれぐれも無理はしないでください。

もともと女性は過激な体位よりも、肌と肌の触れあいを重視する傾向にあります。男性は不必要に張りきって男らしさを誇示するよりも、早いうちからパートナーの肌のぬくもりをじっくり味わう体位に徐々に切り替えていきましょう。

「熟年期のセックスは挿入できたらラッキー」と宋美玄が言っていたとお伝えください。

10-8 射精から解放されて出合う初めての快感

体力の衰えは、誰にとってもどうしようもないことです。それゆえ、熟年期を迎える前から、勃起する→挿入する→射精する、というプロセス以外にも、セックスの楽しみを見つけておいたほうが賢明です。「挿入至上主義」とでもいうべき、勃起や挿入にこだわりすぎたセックスを続けていると、老いとともにペニスのコントロールができなくなったとき、セックスそのものから遠のかなければならないからです。

いっそのこと、挿入へのこだわりも捨ててみましょう。「勃起しない」「挿入できない」「射精できない」と悩むよりも、これまであまり目を向けてこなかった、ほかの性感帯に触れてもらうほうが末永く楽しめます。

男性にも乳首や睾丸、肛門の周りなど刺激に反応して気持ちよくなるところがたくさんあるということは、ここまでお話ししてきた通りです。素手でタッチするのもいいですが、

♥ 私にとってセックスは触れ合い。もはや挿入は二の次ですが、失敗したとき夫が落ち込むのが面倒くさいです。

ローションを使ってマッサージするように触れてもらえば、まったく新しい性的快感が得られます。男性から女性の身体に触れる場合も、同じことです。〝お休み中〟の性器ばかりに執着するのではなく、乳房やおしり、背中など全身をやさしく愛撫してください。女性も気遣いや愛情を感じて、精神的に満たされます。

挿入にこだわり続けている人にとって、これは〝セックス〟とは呼べないかもしれません。けれど、肌と肌、心と心を通わせる性的コミュニケーションで得られる満足感は、性器と性器を擦りあわせるだけのセックスよりも、ずっと次元の高いものです。オーガズムだけがセックスの醍醐味ではありません。「お互い気持ちいい時間をすごせたよね」とふたりで語りあいながら、満ち足りた気持ちで眠りにつく。熟年のセックスでは、より上質の快感を目指してほしいと思います。

10-9
マナーと思いやりを忘れずに、究極の満足感を目指す

→ 難しい問題ですね。性欲が剥き出しになり、パートナーに襲いかかるケースもあるようです。場合によっては医療者も交えて相談を。

熟年期のセックスで気をつけてほしいことが2点あります。

望まない妊娠と、STD（性感染症）です。もちろんどんな年代でも注意すべきことではありますが、若いころよりもこの問題に無頓着になりがちな熟年期には、今一度、気持ちを引き締めて考えてほしいのです。

妊娠については「やだ！ もう関係ないわ」と勝手に判断している熟年カップルが少なくありません。しかし、**私が産婦人科医として実感しているのは、40～50代の妊娠中絶は意外に多いということです。そのほとんどが「もう赤ちゃんはできないだろう」と油断して、避妊を怠ったゆえの顛末です。**

妊娠に対する堕胎率を調査したところ、妊娠が判明して堕胎という選択をする夫婦、カップルの年代は、10代に次いで40～50代に多いことがわかっています。20～30代であれば、もともと子どもを望み、計画を立てる人が多いようですが、40～50代になると、すでに子育てを終えていたり、子どものいない人生を設計していたり……赤ちゃんを授かったという事実に対応できなくなっているため、堕胎という選択をするようです。しかし、そんな理由で小さな命を葬るのは、許されることではありません。

40代も半ばに近づくと、月経のリズムが乱れがちになります。2、3カ月の間隔があいただけで、閉経したと思い込み、避妊に対する意識が低くなるようです。結果として予定外に妊娠し、そこで初めて「私はまだ妊娠できる身体だったんだ！」と気づかされるというわけです。

閉経の定義は、1年以上月経がないことです。そうでないうちは卵巣から排卵があり、精子と出合った卵子と、受精した卵子が着床するベッドもまだ存在しています。妊娠する可能性は十分にあるのです。50代前半までは、2、3カ月ほど月経が来なかった場合、閉経だけではなく妊娠も疑ってみてください。40代後半で、つわりや食欲不振を更年期障害の症状だと勘違いし、やっと妊娠だと気づいたときにはすでに堕胎できない時期になっていたという例もあります。

ＳＴＤについても、同じことがいえます。

熟年カップルの性行為感染症罹患率は、意外なほどに多く、その背景には「年をとったから性病は関係ない」という勝手な思い込みがあるのですから、医師としては不思議でなりません。これは特に日本に限った問題ではないようで、ロンドンでも同様の現象が社会問題になっているという報道を見聞きしました。性感染症は、年齢によって感染しやすかったり、感染しにくかったりするものではありません。夫婦、カップルのどちらかが感

→ 最後に残るのは人間関係におけるもっとも本質的な部分、つまりコミュニケーションであり、愛情確認です。

染者と一度でもセックスをすれば、感染している可能性があります。コンドームを装着すれば防げるものですから、お互いが安心して楽しむために、セックスのときは必ず用意しましょう。いくつになっても、相手に対する最低限の思いやりであり、マナーです。

熟年期は、自分たちは何のためにセックスするのかをあらためて考える時期です。生殖能力がない、体力任せに性欲を処理することもできない。最後に残るのは人間関係における最も本質的な部分、つまりコミュニケーションであり、愛情確認です。これまでふたりで育んできた愛情や信頼感、絆を、肌と肌を重ねる行為を通して確認する、とても素敵な行為というわけです。

気持ちと気持ちが通いあうセックスは、最もベーシックであると同時に、最終的にたどりつくゴールのようなものでもあります。人生の終盤にそんな究極の満足感と出合うために、一度のセックスも疎《おろそ》かにせず、パートナーに愛情を注ぎ続けてください。

本当に気持ちのいいセックスを始めるのに、いくつになっても遅すぎるということは決してありませんから。

参考文献：『日本人の性行動・性意識』（NHK「日本の性」プロジェクト編、NHK出版）
『男性機能の「真実」』（永井敦著、ブックマン社）

宋美玄（そん・みひょん）

産婦人科専門医・医学博士・FMF認定超音波医。
1976年、兵庫県神戸市生まれ。大阪大学医学部医学科卒業後、大阪大学医学部附属病院、りんくう総合医療センターなどを経て川崎医科大学講師就任。2009年、ロンドンのThe Fetal Medicine Foundationへ留学。胎児超音波の研鑽を積み、2015年川崎医科大学医学研究科博士課程卒業。2017年、東京・丸の内に〈丸の内の森レディースクリニック〉を開業。
女性医療の現場に従事する傍ら、テレビ、インターネット、雑誌、書籍などで情報発信を行う。100万部突破のベストセラー『女医が教える 本当に気持ちのいいセックス』シリーズ（小社刊）ほか、『新装版　産婦人科医ママの妊娠・出産パーフェクトBOOK』（内外出版社）、『セックス難民〜ピュアな人しかできない時代〜』（小学館新書）、『医者が教える 女体大全』（ダイヤモンド社）など、著書多数。婦人科医の視点での社会問題の解決や、ヘルスリテラシーの向上にも取り組んでいる。

女医が教える
本当に気持ちのいいセックス　いいトコどり！

2020年10月8日　　第一刷発行

著　者　　宋美玄

カバーデザイン　秋吉あきら（アキヨシアキラデザイン）
本文デザイン　秋本さやか（アーティザンカンパニー）
本文イラスト　黒澤麻子
協　力　　三浦ゆえ

編　集　　小宮亜里　黒澤麻子
営　業　　石川達也

Special thanks　永井敦

発行者　　田中幹男
発行所　　株式会社ブックマン社　http:// www.bookman.co.jp
〒101-0065　千代田区西神田3-3-5
TEL 03-3237-7777　FAX 03-5226-9599
印刷・製本　凸版印刷株式会社

ISBN 978-4-89308-930-4